Laurent BUCHHOLTZER
« Octonovo »

RENNES-LE-CHÂTEAU,

une affaire paradoxale

ODS

Le Code de la propriété intellectuelle n'autorisant, aux termes de l'article L. 122-5, 2° et 3°a), d'une part, que les « copies de reproductions strictement réservées à l'usage privé du copiste et non destinées à une utilisation collective » et, d'autre part, que les analyses et les courtes citations, dans un but d'exemple ou d'illustration, « toute représentation ou reproduction intégrale ou partielle faite sans le consentement de l'auteur ou de ses ayants droit ou ayants cause, est illicite » (art. L. 122-4). Toute représentation ou reproduction, par quelque procédé que ce soit, contribuerait donc à une contrefaçon sanctionnée par les articles L. 355-2 et suivants du Code de la propriété intellectuelle.

© 2008 LES ÉDITIONS DE L'OEIL DU SPHINX
ISBN: 2-914405-45-6
EAN : 9782914405454
ISSN de la collection : 1768-5648
Dépôt Légal : avril 2008
La photo de couverture provient du fonds Corbu-Captier ©

À Ergie,

À Cégée,

À mon Ange.

PRÉFACE

Antoine Captier ©

C'est un grand plaisir pour moi de préfacer l'ouvrage *Rennes le Château, une affaire paradoxale* de Laurent Buchholtzer, un chercheur bien connu de tous pour le sérieux avec lequel il mène de patients travaux de recherche dans les archives sur cette énigm qui le passionne depuis de nombreuses années.

Pour réaliser son travail, l'auteur a épluché consciencieusement l'extraordinaire moisson de documents qu'il a récemment exhumés des Archives Départementales de l'Aude : les carnets de correspondances et les relevés comptables de l'abbé Saunière, couvrant les années 1896 à 1915. On doit, en premier lieu le remercier d'avoir, contrairement à quelques autres qui se sont appropriés bien des documents écrits par l'abbé Saunière et qui se refusent toujours à les faire connaître, d'avoir permis à tous d'y accéder en les publiant en intégralité sur son site internet.

À partir de cette masse d'informations que constituent ces carnets, ainsi qu'à travers les notes quotidiennes de l'abbé et ses comptes financiers, dont on ne saurait mettre en doute la sincérité, il reconstitue la façon dont le prêtre a financé ses travaux en grande partie, confirmant ainsi ce que nous savions déjà, mais que la plupart des auteurs veulent délibérément ignorer : l'abbé Saunière s'est bien livré à un enrichissant trafic de messes ! Une vérité jusqu'ici laissée pour compte car elle est peu compatible avec les délires romanesques colportés autour du curé de Rennes le Château.

Dès lors, lorsqu'il écrit *que l'annonce de l'exhumation des carnets de l'abbé fut l'occasion d'accusations anxieuses, en substance : vous allez casser le rêve* ou que *d'autres espérant avec constance que leurs constructions imaginaires pourraient échapper à une confrontation avec la réalité*, l'auteur montre qu'il est bien conscient qu'il va à l'encontre de l'opinion de tous ceux qui préfèrent donner foi aux élucubrations propagées à travers l'abondante littérature à sensation qui a fleuri autour d'un prétendu grand

Mystère.

Si, dans les premiers chapitres, il apporte une démystification nécessaire à toutes ces thèses à sensation qui ont forgé, livres après livres, le mythe de Rennes-le-Château, c'est pour mieux revenir « à la réalité des faits » dans les chapitres suivants. Il nous reconstitue, en se situant dans le contexte de l'époque, les préoccupations et activités quotidiennes de l'abbé, dessinant ainsi un portrait bien différent de celui qu'on prête au personnage romanesque que décrivent la plupart des livres qui lui sont consacrés.

À travers une analyse rationnelle des données qu'il a recueillies, il démontre le système mis en place par l'abbé pour drainer vers sa cure des fonds de plus en plus conséquents et nous décrit un homme sous son aspect des plus médiocre, celui d'un « forçat de la plume » préoccupé journellement par ses rentrées d'argent. Certes, devant autant de preuves indiscutables, il n'est désormais plus possible de faire l'impasse du trafic d'honoraires de messes comme moyen d'enrichissement du prêtre. Mais ce trafic suffisait-t-il à lui seul, malgré les sommes colossales amassées comme le confirment ses comptes, à couvrir toutes les dépenses de l'abbé, à mener grand train de vie et à réaliser d'aussi vastes constructions ? Et surtout, lorsque l'abbé Rouanet lui écrivait « il n'appartient à personne de percer le secret que tu gardes », peut-on croire qu'il faisait allusion à ce bien banal trafic de messes ? Ce serait là un bien piètre secret. N'y aurait-il pas autre chose que l'abbé aurait dissimulé même à son meilleur ami ?

L'auteur en est d'ailleurs bien conscient car il reconnaît lui même les limites de son travail qui ne repose que sur l'étude de documents ne portant que sur les années d'après 1896. Une source documentaire incomplète puisqu'il admet que le prêtre n'a pas tout noté sur les carnets dont il dispose.

Il tente aussi d'apporter une explication sur la destination cachée de cette prétendue maison de retraite pour prêtres que l'abbé Saunière évoque dans sa défense. L'auteur semble y croire. Ici, en se risquant dans une telle hypothèse, peu vraisemblable à mon avis, il s'éloigne du travail rigoureux de l'historien sur lequel repose son étude.

En fin d'ouvrage il nous réserve une petite surprise qui nous éclaire un peu mieux sur un personnage qui se fit remarquer à Rennes en 1957 et dont on a beaucoup parlé à l'époque.

On peut regretter qu'à cette occasion, l'auteur n'aborde pas la question de la découverte possible d'un trésor par le curé de Rennes dont il ne peut nier qu'elle est initialement à la base de cette histoire et qui explique en particulier la venue du personnage auquel il consacre quelques lignes. Il écrit que « le postulat de base, l'abbé Saunière s'enrichit grâce à un trésor, est faux. D'ailleurs trouva-t-il jamais un trésor ? »

Pourtant, il reconnaît ensuite que la réponse à cette question est « oui » mais qu'elle ne repose que sur une rumeur locale qui se murmurait du vivant du prêtre et que Marie Denarnaud continua à entretenir auprès de ses proches jusqu'à la venue de Noël Corbu. Dans aucun des écrits laissés par l'abbé il n'est fait allusion à la découverte d'un trésor et il serait vain d'espérer qu'un chercheur chanceux puisse un jour mettre la main sur des documents ou des écrits laissés par l'abbé pouvant nous éclairer sur ce point. Pourtant, ils ont existé. Mais hélas, la servante de l'abbé les a brûlés. Elle avait ses raisons et savait bien ce qu'elle faisait : elle ne voulait pas, qu'après sa mort, quelqu'un d'autre puisse les découvrir. Mais elle ne put s'empêcher de faire quelques confidences sur ce « trésor auquel il ne fallait pas toucher car il portait malheur ! ». Il me semble que l'auteur aurait dû prendre en compte certains témoignages que nous avons cités dans notre propre ouvrage *l'héritage de l'abbé Saunière*.

Ce livre ne sera pas considéré seulement comme une simple étude sur le trafic d'honoraires de messes auquel s'est livré le peu scrupuleux abbé. En revenant aux sources même de cette histoire, il fournit une base de travail sûre à d'autres chercheurs désireux de mener leurs propres investigations. En quelque sorte, une mise au point salutaire, mais non définitive.

INTRODUCTION

Rennes-le-Château est un petit village de l'Aude où il fait bon vivre. Perché au sommet d'une colline, il offre de nombreuses promenades au gré de ses ruelles étroites entre les maisons de pierre ou à l'ombre du vieux château-fort. Le climat, agréable, y est celui du sud de la France et du belvédère, qui se situe à l'extrémité du bourg, vous profiterez d'une très belle vue que je ne suis pas le premier à vous vanter. D'ailleurs, souvent, le soir, vous me trouverez assis là-haut, sur le parapet, quand les touristes sont partis.

Car, c'est une des particularités qui rendent ce lieu unique. Ce village est en effet une attraction pour des dizaines de milliers de touristes qui montent chaque année la route étroite et sinueuse au départ de Couiza. Le village est célèbre pour son affaire : le trésor de l'abbé Bérenger Saunière, curé du lieu de 1885 à sa mort en 1917. Et qui dit trésor dit chercheurs de trésor. Ils sont nombreux, probablement des centaines, certains depuis bientôt 50 ans, à vivre cette passion et à participer au mythe.

Je suis un chercheur de trésor ! J'aime bien lancer cette provocation dans un milieu où chacun, peu ou prou, essaie de garder un minimum de discrétion sur ses recherches et, encore plus, sur ses éventuelles fouilles. Je suis un des nombreux passionnés par l'affaire et cela fait bien longtemps que je ne m'en cache plus. Je suis arrivé là en 1985, à l'age de 17 ans, à la suite de la lecture d'un simple article qui avait éveillé ma curiosité. Années après années, je suis revenu, victime d'un virus particulièrement contagieux.

C'est une passion qui surprend souvent, et pourtant ! Au début, c'est comme un rêve de gosse : un trésor ! On commence à collecter ses premiers indices et la chasse commence. Bien sûr, c'est moins facile que prévu et petit à petit, le chasseur s'affûte. Il gagne en expérience et développe ses stratégies. J'ai commencé par lire un livre, puis deux, puis… j'ai fini par oublier de compter. J'ai multiplié les conversations à la recherche de témoignages intéressants. Et puis, la maturité venant, j'ai commencé à me livrer à mes propres recherches, pour aller plus loin, comprendre mieux et sortir des sentiers battus. Abandonnons la comparaison avec la chasse. Prenons la pêche. Personnellement j'ai choisi une approche documentaire. Je suis comme un pêcheur qui surveille sa ligne. Le temps qui passe égrène les feuilles de vieux documents, de vieux parchemins, de vieilles lettres. Parfois je reviens bredouille de longues heures de recherches. Parfois, je collecte une petite information par-ci, une petite information par-là. Et puis parfois, rarement, c'est l'espadon, la baleine, le monstre marin ! Le document que vous cherchiez. Ou encore mieux, le document que personne n'avait consulté avant vous ! L'émotion intense de trouver quand on cherche…

Car trouver est un des moteurs essentiels pour tous les chercheurs. Ce n'est pas forcément l'appât du gain, ce n'est pas toujours la fièvre de l'or, c'est souvent et d'abord une soif de connaissance, de compréhension. La quête du trésor de Rennes-le-Château, c'est un peu comme la quête du Graal, mais en grandeur nature. Une voie ésotérique et initiatique au sens littéral du terme. La vérité, cachée, reste à découvrir, mais le problème posé y est réel. Souvent quand on me demande si j'ai trouvé « mon » trésor, j'affirme que c'est sa recherche qui m'aura le plus enrichi. Et là, ce n'est pas qu'une provocation de ma part…

Or il y a une chose que j'ai bien compris concernant l'affaire de Rennes-le-Château : elle s'est érigée en mythe. Depuis maintenant plus de 50 ans que l'affaire a suscité son premier article dans la presse, les rumeurs les plus diverses, les affirmations les plus bizarres se sont mêlées à des faits historiques avérés. L'histoire, telle qu'on la raconte dans plusieurs centaines d'ouvrages et d'articles qui se recopient souvent les uns les autres, présente parfois des écarts notables avec la réalité des faits, à un point tel que de nombreuses personnes finissent par se demander ce qu'il peut bien y avoir encore de sérieux dans tout cela.

Pourtant, la réalité de l'affaire me semble bien plus porteuse de rêves et d'étonnements, de surprises et de satisfactions que certaines spéculations d'auteurs, qui, à défaut d'avoir une preuve tangible à exploiter, laissent vagabonder leurs imaginations souvent débordantes, voire délirantes. Et je ne parle pas de quelques faussaires avérés aux dessins nébuleux…

J'aime ce village et sa véritable histoire. C'est la raison pour laquelle je lui dédie un site Internet depuis maintenant plusieurs années[1]. C'est la même raison qui me pousse à faire des conférences l'été, au village, à participer à des émissions de télévision ou de radio ou à donner des interviews dans la presse. C'est la raison de ce livre dont j'espère que vous prendrez beaucoup de plaisir à le lire.

Si vous n'êtes pas déjà inoculé, puisse t'il vous éclairer et vous transformer en passionné...

---

[1] www.octonovo.org. J'ai fait en sorte que ce livre soit complet et suffisant en lui-même. Pour en favoriser la clarté, j'ai évité d'y inclure certaines démonstrations trop en détail. Vous trouverez de nombreux renvois vers mon site pour des études plus complètes et spécialisées ou vers des documents originaux.

Chapitre I

La belle histoire

Toute ressemblance entre les faits rapportés dans ce livre et une construction imaginaire est le fruit du pur hasard. Ce n'est pas là le moins étrange, car la ressemblance est frappante.[2]

Gérard de Sède

---

(2) De Sède, G. : – *L'Or de Rennes, ou la vie insolite de Bérenger Saunière, curé de Rennes le château* – Paris, Julliard, 1967 ; édition revue et complétée, Œil du Sphinx, 2007.

On a l'habitude de faire débuter l'affaire en juin 1885. C'est à cette date qu'un nouveau curé arrive au village de Rennes-le-Château. Bérenger Saunière a 33 ans, âge symbolique pour un prêtre. Il est passé à la postérité sous le surnom désormais fameux de « *curé aux milliards* ».

Né le 11 avril 1852 à Montazels, distant de quelques kilomètres de sa nouvelle paroisse, petit village pauvre, comme tant d'autres dans l'Aude à cette époque, il a la chance d'être l'aîné d'une famille de notables. Son père, homme de confiance et régisseur du marquis de Cazemajoux fut un temps maire de son village. Conscient des prédispositions de son fils pour les choses de l'esprit, et ce malgré son caractère turbulent, il favorise sa vocation de prêtre. Après des études au lycée Saint-Louis de Limoux, Bérenger Saunière rentre au petit puis au grand séminaire de Carcassonne. Ordonné prêtre en 1879, il démarre sa carrière ecclésiastique comme vicaire à Alet-les-Bains, puis il est nommé curé du village du Clat. Sa vive intelligence ayant trouvé un autre admirateur que son père en la personne de son évêque, Monseigneur Billard, il bénéficie alors, grâce à lui, d'une nomination prestigieuse comme professeur au séminaire de Narbonne. Mais son tempérament étant toujours aussi impétueux, il ne peut conserver ce poste et se retrouve nommé curé du village de Rennes-le-Château.

Du caractère, l'abbé n'en manque pas et il le montrera toute sa vie durant. Les photographies le révèlent grand, athlétique. Son indéniable charisme s'exerce sur son entourage en général, et plus particulièrement sur les femmes. Les dernières de ses paroissiennes à l'avoir connu, vers la fin de sa vie, interrogées par les premiers chercheurs de trésor dans les années 1950, témoigneront en avoir gardé le souvenir d'un bel homme, troublant encore...

Certains ont voulu voir dans cette nomination une punition, mais rien n'est moins sûr. Grâce à la protection dont il jouit de la part de son évêque, il se retrouve à quelques kilomètres à peine de son village natal, de sa famille et de ses amis. Dans cette région où l'on est volontiers soupçonneux vis-à-vis des étrangers et où cette notion est plus contagieuse qu'ailleurs, il est en terrain de connaissances.

Néanmoins, le village est loin d'être une sinécure. Depuis des décennies, l'église délabrée pose de réels problèmes d'entretien à la muni-

Cartes Postales de Montazels © Octonovo

cipalité qui craint qu'elle ne s'écroule (des rapports d'architectes en font foi, dès 1845, cf annexe 1). Malgré de nombreux efforts financiers, le conseil municipal n'arrive qu'à grand peine à la maintenir en l'état. En 1883 encore, le conseil général est obligé d'allouer un crédit exceptionnel à la commune pour permettre de réaliser les travaux les plus urgents.

Le presbytère est à l'avenant. Il est en si mauvais état et tellement insalubre qu'il ne peut être occupé. Quelques décennies plus tôt, déjà, un des prédécesseurs de l'abbé Saunière préféra abandonner sa cure et ses fidèles plutôt que de continuer à exercer dans de pareilles conditions. Il avait fallu deux ans pour lui trouver un remplaçant.

En outre, en cette fin de XIXème siècle, le département de l'Aude, majoritairement républicain, est progressiste et laïque, autant dire anticlérical, et à cette époque il n'était pas rare que quelques malins s'amusent à imiter le cri du corbeau au passage d'un prêtre. Néanmoins, vu la carrure de celui qui se présentait au village de Rennes-le-Château, et connaissant de réputation son caractère, gageons que personne n'osa cette plaisanterie ce jour de juin 1885.

Fidèle à lui-même, l'abbé va immédiatement se faire remarquer. En effet, 1885 est une année d'élections législatives et le prêtre prend violemment position lors de ses sermons dès octobre : *Mais les ennemis de l'Eglise, francs-maçons, libres penseurs, athés, ont tant abusé, depuis quelques années, de toutes les paroles de l'autorité ecclésiastique... ils ont si odieusement dénaturé les actes les plus sages... ils ont fait en tout et partout au clergé une telle guerre, que ceux qui ont mission d'instruire les fidèles...* appellant franchement à voter conservateur. Dénoncé au ministre des Cultes avec trois autres confrères qui ont adopté en chaire le même type de discours, il est suspendu de traitement pendant six mois dès décembre (cf annexe 2).

Cette suspension de revenu est un coup difficile pour notre Bérenger Saunière car il est alors dans le besoin. Son salaire de prêtre, 75 francs-or par mois, lui suffit à peine pour payer son hébergement chez Alexandrine Marrot, une de ses paroissiennes âgée qui lui facture aussi ses repas et fait fonction de bonne en ces premières années. Sans les quelques secours alloués par l'évêché, l'abbé n'aurait pu joindre les deux bouts. À cette époque, ses papiers personnels font état de quelques dettes et la vente des produits de ses parties de chasse est alors bienvenue pour améliorer son ordinaire.

Néanmoins, à quelque chose malheur est bon, puisque l'abbé, probablement remarqué par sa prise de position monarchiste, se voit allouer une somme de 3 000 francs-or par la comtesse de Chambord, veuve du prétendant malheureux au trône, Henri de Chambord. Si Bérenger Saunière est un homme au caractère affirmé, il est aussi un homme entreprenant et un serviteur zélé de Dieu. Aussi entreprend-il rapidement les travaux de réfection les plus urgents pour son église. C'est précisément à cette occasion que l'aventure va réellement commencer.

Parmi les premiers travaux entrepris, il déplace l'ancien maître-autel qui repose sur deux piliers wisigothiques. L'un, s'avérant creux, va livrer quatre curieux parchemins. Fin latiniste, l'abbé est fortement intrigué par la présentation particulière de ces textes. Deux seulement nous sont parvenus... Aujourd'hui encore, ils étonnent les chercheurs.

Intrigué mais pugnace, l'abbé va étudier ces parchemins jusqu'à acquérir la certitude qu'ils recèlent un code secret. Or Bérenger Saunière a quelques lumières en cryptographie, comme nous le prouve l'étrange manuscrit, dit « *sot pêcheur* », écrit de sa propre main et retrouvé dans ses papiers personnels.

Malgré ses efforts, des nuits entières d'étude passées en de vaines tentatives, il n'arrive pas à trouver de solution à cette curieuse énigme. Cela lui pose d'autant plus de problèmes que le maire, mis au courant de la découverte, lui réclame ces parchemins. Aussi, après avoir épuisé tous les subterfuges qui lui permettent de gagner du temps afin de les étudier encore un peu, l'abbé demande conseil à son évêque et bienfaiteur qui l'encourage toujours avec bienveillance depuis son ordination. Ensemble, les deux hommes vont mettre au point le plan suivant : le maire se contentera de calques des parchemins car Bérenger Saunière se propose de vendre les originaux à des collectionneurs parisiens afin de financer la suite des travaux de l'église. En réalité, le voyage à Paris n'est qu'un prétexte pour présenter ces parchemins aux experts de Saint-Sulpice avec les recommandations de Monseigneur Billard, lui aussi fort intrigué par ces étranges documents.

C'est ainsi que notre pauvre curé de campagne se rend à Paris, en 1893 selon Gérard de Sède. À Saint-Sulpice, il rencontre l'abbé Bieil à qui il confie ses étranges parchemins. Celui-ci lui présente alors son neveu, le jeune abbé Emile Hoffet, étudiant en linguistique, qui deviendra, probablement par ses fréquentations parisiennes, l'un des meilleurs experts des sociétés secrètes de son temps. C'est lui qui prend en charge notre Rastignac, lui fait visiter la capitale, le Louvre où il achètera des copies de trois tableaux, dont celle des *Bergers d'Arcadie* de Poussin, les grands magasins qui s'ouvrent à l'époque, le Bazar de la Charité qui est une véritable attraction à lui seul et qui connaîtra une fin tragique quelques mois plus tard seulement[3]. Emile Hoffet introduit l'humble curé de campagne dans la belle société. On évoque des rencontres avec Claude Debussy, Jules Blois, Maurice Barrès... mais celle qui sera la plus déterminante pour lui est celle avec une certaine Emma Calvé.

De nos jours tombée dans l'oubli, Emma Calvé était une cantatrice aussi célèbre à son époque que Madonna l'est à la nôtre. Adulée sur tous les continents où elle donne des représentations triomphales, elle est, comme ses proches, férue de sciences occultes. Est-ce en raison de son origine provinciale, de son isolement à Paris, points communs avec notre abbé, ou est-ce par l'un de ces étonnants mystères de l'âme ? Une liaison se noue. Elle durera, bon an, mal an, plusieurs années. Certains ont même voulu y voir l'origine de la prochaine fortune de l'abbé, ce qui est bien mal le connaître.

Après trois semaines de cette vie parisienne, l'abbé Bieil reprend contact avec Bérenger Saunière. Ce qui se passe alors n'est toujours pas élucidé : il semble que l'on se refuse à restituer les documents confiés. Quelles explications, quelles justifications, quelles contreparties sont alors accordées à l'abbé en échange de cette étrange captation ? Nul ne le sait. Mais, de retour à Rennes-le-Château, il adopte des comportements des plus étranges.

En premier lieu, il reprend les travaux dans son église. Sans la moindre hésitation, il fait soulever une large dalle située à même le sol au pied de l'ancien autel. Celle-ci, une fois soulevée, révèle sa face cachée, gra-

---

(3) Le Bazar de la Charité fut victime d'un incendie accidentel foudroyant qui tua plus d'une centaine de personnes. L'émotion fut immense à l'époque.

vée de motifs anciens, d'époque wisigothique ou mérovingienne. Surtout, elle laisse apparaître deux squelettes présentant aux crânes des entailles rituelles et une *oule*⁽⁴⁾ remplie de pièces brillantes. Aux ouvriers qui l'interrogent, il dit que ce sont *des médailles miraculeuses sans valeur* et les congédie sans autre explication. Un magot a-t-il été trouvé ? C'est fort probable. Mais ces travaux ne vont pas s'arrêter là...

Vient l'épisode de la réhabilitation du cimetière. De prime abord, cela peut sembler une bonne idée puisque celui-ci est trop petit pour permettre les inhumations nécessaires. Coincé entre l'église et un escarpement abrupt, il est dans un état d'abandon proprement scandaleux. Néanmoins, les méthodes de notre abbé sont on ne peut plus originales, voire même inquiétantes ; qu'on en juge par les lettres que les habitants, scandalisés, envoient au préfet : *Nous électeurs, protestons, qu'à leur décision, le dit travail que l'on donne droit au curé de continuer n'est d'aucune utilité [...] qu'après que nous ayons fait des embellissements ou placé des croix et des couronnes, que tout soit remué, levé, changé dans un coin*. En fait, il semble que l'abbé Saunière fouille le cimetière de fond en comble puisque l'on parle d'excavations de plusieurs mètres de profondeur. De plus, il procède nuitamment, clandestinement, à ces étonnants travaux, se faisant aider pour cela par sa nouvelle bonne, Marie Denarnaud.

En effet depuis quelques temps déjà, l'abbé Saunière a pris pension auprès d'une nouvelle famille du village, les Denarnaud. Ils vivront dorénavant tous ensemble et c'est la fille de cette famille qui est la nouvelle bonne de notre abbé. Jeune, jolie, elle est excellente cuisinière ; les ragots se mettent rapidement à courir. Marie n'a que faire des mauvaises langues. Toute sa vie, elle sera d'un dévouement exemplaire au prêtre, partageant avec lui, outre ses aventures nocturnes, les bons jours et les moins bons.

Ainsi, depuis bientôt 10 ans, l'abbé Saunière est un pauvre curé de campagne aux occupations pour le moins peu orthodoxes. Cependant, à partir de cette époque, un changement radical se produit : soudain il semble avoir à sa disposition une fortune inépuisable et on s'en rend rapidement compte dans le village. D'abord parce qu'il entreprend enfin les travaux de réfection que l'église et le presbytère attendent depuis bientôt un siècle. Cette fois-ci, ce ne

---

(4) Gros pot rond en terre typiquement méridional.

sont plus des rafistolages face à l'urgence. L'église est entièrement refaite du sol au plafond, ce qui permet de célébrer désormais l'office, non seulement à l'abri de la pluie, mais aussi dans un espace plus agréable, entièrement rénové, dirait-on aujourd'hui : carrelage neuf au sol, brèches reprises, toiture refaite. L'intérieur, intégralement doublé de briques, présente désormais un aspect régulier, et de nouvelles ouvertures sont également pratiquées pour la pose de nouveaux vitraux qui rendent la petite église plus claire.

Au-delà de ces opérations d'envergure, l'abbé concentre surtout son attention sur la décoration intérieure, multipliant les efforts d'originalité que sa soudaine fortune lui permet d'entreprendre. Une décoration qui, de nos jours encore, laisse une très curieuse impression. Dès l'entrée, passé le porche aux nombreuses inscriptions ésotériques, un diable, hideux et saisissant, vous accueille, supportant le bénitier surmonté de quatre anges, comme les quatre frères ailés de la Rose-Croix, préfiguration du signe de croix qui terrasse ce démon. Le carrelage, reproduisant le pavé mosaïque, accompagne vos pas à travers cet étrange décor où même le chemin de croix, qui se déroule à l'envers, porte des symboles évoquant l'univers maçonnique… La statuaire est également symbolique, en particulier l'étonnant Saint-Antoine-de-Padoue, le patron des objets et trésors perdus puis retrouvés, le seul de tous à être porté en triomphe par les quatre anges de son socle, dont un, celui qui est caché contre le mur, semble prendre un malin plaisir à montrer la position et les attributs de l'initié.

Rapidement, on se sent intrigué dans cette église, comme l'abbé Saunière a dû l'être devant ses curieux parchemins. La décoration de l'église renfermerait-elle un message occulte ? Ses nouveaux amis parisiens, adeptes d'étranges sociétés secrètes auprès desquelles ils l'ont introduit, ont-ils eu une influence sur ses réalisations ? Il est établi que Bérenger Saunière a personnellement dirigé tous les travaux, avec des exigences maniaques sur les moindres détails, allant jusqu'à mettre la main au pinceau pour peaufiner certaines représentations, comme celle de Marie-Madeleine sous l'autel de son église.

Lors de sa visite pastorale de 1897, Monseigneur Billard semble prendre conscience des changements opérés chez l'abbé. Venu en grande pompe pour constater l'incroyable restauration de l'église de son protégé, il semble pris d'un vertige à la visite de celle-ci. Après un discours des plus brefs et des plus hésitants, – ce qui ne manque pas d'étonner chez cet homme rompu à l'art de l'éloquence –, il repart pour ne plus jamais revenir. L'abbé Saunière n'a-t-il pas fait graver en haut du porche cette phrase, comme un avertissement : « *Terribilis est locus iste* », ce lieu est véritablement terrible !

Porche de l'église de Rennes-le-Château © Octonovo

Malgré tout, cette affaire semble avoir profondément marqué Monseigneur Billard. En 1901, à la veille de sa mort, il entreprendra un mystérieux voyage à Paris, se rendant à Saint-Sulpice apparemment pour s'enquérir de ce qui avait pu s'y passer quelques années auparavant.

La maison de Dieu et celle de son serviteur étant, et avec quel luxe, remises en état, l'abbé Saunière continue tout simplement à dépenser des fortunes, mais cette fois pour son confort personnel. Dans ce pauvre village, il va se mettre à dépenser des sommes folles, s'achetant tout le nécessaire et même le superflu : manteaux à 100 francs-or, de nombreuses étoles richement brodées, dont quelques-unes seulement sont visibles au musée municipal, de nos jours. Il fait l'acquisition en un seul achat de trois montres pour lui seul ou, plus curieux encore, d'un service de douze verres apparemment identiques, mais qui, mis dans un certain ordre et frappés avec une petite cuillère en cadence, jouent les premières notes de l'Ave Maria.

C'est qu'il a pris goût aux grands magasins et au modernisme découverts à Paris et, à l'époque de l'essor de la vente par correspondance, ses caprices semblent ne plus connaître de limites : lui qui habite un pays de cassoulet fait venir ses haricots de Lille et ce nouveau commerce par correspondance lui permet aussi de faire venir de Paris les plus belles robes pour Marie. Elle sera la plus étonnante et la plus coquette ambassadrice de la mode dans ce village perdu au bout du monde.

Cependant, très rapidement, l'abbé renoue avec ce qui semble être finalement sa grande passion, Les Grands Travaux. En 1899, il décide la construction d'un domaine qui commencera à s'élever dès 1900 tout en haut du village, face au presbytère. Officiellement, il s'agit d'une maison de retraite pour les prêtres âgés qu'il veut offrir à son évêché, mais l'honnêteté oblige à préciser que l'abbé voit grand et luxueux... et que jamais on n'y vit de prêtre retraité !

La villa Béthanie © Octonovo

Autour d'une spacieuse villa de style néogothique, alimentée par trois citernes, alors que le village n'en compte qu'une seule pour l'ensemble des habitants, s'élèvent des murs qui délimitent un verger, un potager, une basse-cour et un jardin d'agrément. Effet des plus étonnants en cet endroit pour l'époque. Qu'on en juge par le compte-rendu qu'en firent les membres d'une société savante de passage à Rennes-le-Château en 1908 : *nous sommes accueillis par M. l'abbé Saunière, lequel se fait un plaisir de nous faire visiter sa belle installation, qui sans contredit, semble une oasis perdue au milieu d'un désert. [...] le plateau est occupé par un potager où poussent des légumes à rendre nos maraîchers jaloux; puis viennent un verger et un beau jardin d'agrément, le tout abrité par une belle terrasse de laquelle on jouit d'un beau panorama. Une tour au sud semble la gardienne de ce coin charmant* (cf annexe 4).

En effet, au sud de sa propriété, l'abbé Saunière a bordé son domaine d'une tour de construction tout à fait moderne, où se trouve son bureau qui lui sert de bibliothèque pour une collection de livres que l'on sait considérable. On y accède par un belvédère qui surmonte une des citernes et quelques pièces, offrant une vue extraordinaire jusqu'aux Pyrénées. À son autre bout se dresse une serre pour les orangers, telle une autre tour donnant l'impression que le jardin est un immense jeu d'échec.

Les travaux seront définitivement achevés en 1906. Tout cela lui a coûté des sommes colossales, d'autant plus que l'ameublement est luxueux ; mais malgré ces dépenses somptuaires, l'abbé ne ralentit pas son train de vie, loin de là. Mettant à contribution les talents culinaires de Marie, l'abbé offre des réceptions : il reçoit tout ce que la région peut compter de notabilités, par exemple les Roché qui sont en outre ses amis, l'un son notaire et l'autre son médecin, les parents de l'illustre Déodat Roché, qui passera à la postérité sous le surnom de « *Pape des Cathares* ». Surtout sont accueillis les personnages les plus étonnants que puisse recevoir un pauvre curé de campagne. Outre Emma Calvé, que certains paroissiens se souviennent d'avoir entendu chanter dans les jardins, l'abbé Saunière reçoit le député et bientôt ministre des Arts, M. Dujardin-Beaumetz. Plus surprenant encore, un des membres de la famille des Habsbourg, famille régnant encore à cette époque sur le puissant empire d'Autriche-Hongrie. Difficile d'admettre que tout ce beau monde ne se déplace que pour goûter à la cuisine de Marie ou faire du tourisme dans la région. On dit en effet que parmi les invités, se glissent les membres d'une des sociétés les plus secrètes de tous les temps et qu'ils entretiennent les relations les plus ambiguës avec leur hôte : des représentants du Prieuré de Sion, ordre de chevalerie qui remonterait à l'époque des croisades, fondé par Godefroy de Bouillon, qui affiche, outre des connaissances ésotériques de haute volée, des prétentions monarchistes... tout comme Bérenger Saunière.

Cette vie surréaliste va durer des années. On peut même s'étonner que l'évêché ne s'en soit pas préoccupé plus tôt. Durant les premiers temps, Bérenger Saunière était protégé de notoriété publique par Monseigneur Billard, qui décède en 1901 et Monseigneur de Beauséjour le remplace. Celui-ci va attendre 1909 – probablement le temps de faire sa propre enquête – avant de s'intéresser à ce qui se passe à Rennes-le-Château. À quelles conclusions en est-il arrivé ? Nul ne le sait, mais elles ne sont visiblement pas en faveur de notre abbé. En janvier 1909, l'évêché annonce à Bérenger Saunière son intention de le muter dans une autre paroisse. Le moins que l'on puisse dire, c'est que la nouvelle est très fraîchement accueillie par l'intéressé... Après avoir pris conseil auprès de ses plus proches confrères et amis, étonnamment stupéfaits par cette mesure, il donne une réponse très claire : « *Je ne peux quitter une paroisse où mes intérêts me retiennent* »[5] ! Il y joint sa démission à compter du 28 janvier, espérant bien ainsi se débarrasser de cette autorité ecclésiastique trop curieuse.

Cette prise de position, à la limite de l'insolence, ne peut que déplaire à l'Evêché. En réalité, Bérenger Saunière, par un des excès d'indépendance dont il est coutumier, vient de se faire l'ennemi qui assombrira les dernières années de sa vie. Devant autant de liberté et surtout le ton adopté, les autorités ecclésiastiques vont se mettre à chercher les moyens de ramener ce curieux prêtre, fût-il démissionnaire, à plus de raison. Quelques mois plus tard, leur réponse arrive à Rennes-le-Château sous la forme d'un procès canonique : un procès pour trafic de messes.

À cette époque, il est très courant de donner des messes à dire, moyennant 1 ou 2 francs, pour le salut de l'âme des défunts ou pour demander une grâce particulière. Pour tous les séculiers de France, il s'agit là d'une façon d'arrondir les fins de mois bienvenue et très prisée mais qui a ses limites : le droit canon prévoit en effet qu'un prêtre ne peut dire plus de trois messes par jour. L'accusation consiste donc à prétendre que les sommes colossales dont dispose l'abbé auraient été acquises par des quantités in-

---

[5] De Sède, G : – *L'Or de Rennes, ou la vie insolite de Bérenger Saunière, curé de Rennes-le-Château* – Paris, Julliard, 1967 –, Œil du Sphinx, 2007.

vraisemblables d'intentions de messes qu'il aurait sollicitées et n'aurait pas pu prononcer. Pour un prêtre, qui plus est pour un prêtre attaché à sa fonction et à sa réputation tel Bérenger Saunière, cette accusation est très grave.

Or si son autorité, manifestement de mauvaise foi dans cette affaire est décidée à utiliser les accusations les plus graves pour intimider le prêtre que Bérenger Saunière s'honore d'être, ce dernier n'est pas décidé à se laisser faire et il n'hésite pas lui aussi à utiliser tous les moyens de défense. L'affaire va naturellement s'envenimer. Première manœuvre, grâce à des certificats de complaisance que se font un plaisir de lui faire ses médecins : l'abbé tente d'échapper aux premières convocations. Puis, après quelques hésitations sur le choix de son avocat, il va finir par prendre le chanoine Huguet, docteur en droit canon de grande réputation qui déploiera tout son savoir faire et sa science des arcanes judiciaires canoniques pour faire triompher le petit prêtre contre l'abus de pouvoir manifeste de son autorité.

L'affaire dure des années, de condamnations en appels, de mensonges en arguties jésuitiques, de vexations gratuites en chicanes excessives, avec de multiples rebondissements et force lettres recommandées. Le petit curé de campagne tient bon. L'évêché n'arrive pas à le faire condamner. Plus incroyable encore, cette affaire apparemment banale finit par quitter l'Aude pour être portée à Rome ! Les instances pontificales, devant lesquelles elle est plaidée, finissent par donner raison au prêtre contre son évêque, mettant ainsi fin à cinq longues années de procédures. Nous sommes alors en 1915.

L'abbé Saunière a très mal vécu les actions de son évêque. Lui, tellement attaché à sa réputation, doit subir des publications dans la presse mettant en garde contre les pratiques dont on veut l'accuser : *Que M. l'abbé Saunière, ancien curé de Rennes-le-Château, n'est nullement autorisé à demander hors du diocèse, ou à recevoir de diocèses étrangers, des honoraires de messe.* L'âge commence à se faire sentir, l'obstiné curé n'a plus l'énergie de sa jeunesse, il est profondément atteint par le procès de ces dernières années. Enfin l'univers entier semble être devenu fou : c'est le début de la première guerre mondiale. Réintégré dans son honneur et enfin libre, pense-t-il, l'abbé espère pouvoir poursuivre l'œuvre qui a hanté toute sa vie. Il échafaude de nouveaux projets plus grandioses encore : une tour plus haute – quatre-vingt mètres de haut selon les plans ! Elle servirait à la fois de bibliothèque et de chaire, du haut de laquelle l'abbé pourrait enfin prêcher pour un plus grand nombre de fidèles, une sorte de lieu de pèlerinage, censé attirer des foules énormes. Bérenger Saunière s'active car tout doit être prêt pour la fin de cette guerre qui enlève au village, un à un, peu à peu, ces jeunes qui meurent dans les plus absurdes conditions. Les plans sont dressés, les démarches entreprises, notamment celle d'envisager carrément de refaire la route qui mène au village, en la recouvrant de bitume pour que les pèlerins puissent accéder en nombre et en automobile. Qu'importe le prix…

D'où comptait-il tirer les ressources nécessaires ? Gérard de Sède estime que tous les devis additionnés représentaient une somme de 8 millions de francs-or, l'équivalent de 150 millions d'euro actuels. Quelles idées agitaient cet homme et présidaient à ses constructions ? Quels messages voulait-il dispenser du haut de sa tour, à quels pèlerins ? Nous ne le saurons jamais. Les projets fabuleux de l'abbé correspondaient à son chant du cygne. Sa vie trop riche, les soucis qui l'ont affligé ses dernières années l'ont vieilli. Le 17 janvier, l'abbé Saunière fait une attaque dans sa bibliothèque. Il décède quelques jours plus tard.

L'émotion est immense dans le village dont il était le bienfaiteur quotidiennement. Un par un, habitants et familiers viennent rendre un dernier hommage à celui qui était resté, dans leur cœur, le prêtre du village. Ils témoigneront d'une étrange cérémonie : l'abbé leur est présenté assis sur un trône, recouvert d'un suaire pourpre bordé de pompons à franges qu'il leur faut détacher et emporter en souvenir. Certains auteurs affirment que cet étrange rituel est celui du Prieuré de Sion. Enfin il est mis en bière et porté en terre dans ce cimetière dont il connaissait si bien les profondeurs.

L'ouverture de son testament est à l'origine d'une curieuse découverte : tous ses biens sont au nom de sa fidèle bonne, Marie Denarnaud. Ainsi l'évêché n'aura rien de son prêtre !

Dès cette époque, si vous aviez demandé aux habitants du village l'origine de l'incroyable fortune de l'abbé, on vous aurait répondu ce que tout le monde savait déjà et ce que Marie Denarnaud elle-même confirmera à la fin de sa vie : l'abbé a trouvé un trésor…

Chapitre 2

Il était une fois...

Le propre d'une rumeur, ce n'est pas d'être vraie ni d'être fausse, c'est d'être plausible[6].

---

(6) Kapferrer, J.N : – *La rumeur, le plus vieux média du monde* – Paris, Poche pluriel, 1987.

Au risque de vous décevoir, il me faut vous avouer que l'histoire qui précède n'est pas, à proprement parler, vraie. Et au risque de vous surprendre, il me faut aussi préciser qu'elle n'est pas non plus réellement fausse.

Depuis quelques années, l'affaire de Rennes-le-Château, si elle trouve ses racines dans des faits réels, est devenue un mythe moderne qui s'est passablement écarté de la réalité des faits. L'intérêt extraordinaire que suscite l'affaire auprès du public et l'imagination débordante de certains auteurs l'ont embrouillée à un degré difficile à imaginer.

Aussi, pour une bonne compréhension, il est utile de revenir sur l'histoire de l'Histoire.

L'idée selon laquelle la fortune de Bérenger Saunière serait liée à la découverte d'un trésor est ancienne et probablement contemporaine de l'abbé. La plus ancienne mention qui en est faite date de 1936[7], c'est-à-dire bien avant que les premiers chercheurs n'envahissent le village.

On trouve d'ailleurs dans ses carnets quotidiens, à la date du 21 septembre 1891, la mention de la *découverte d'un tombeau*[8] dans son église, et les travaux nocturnes qu'il réalisa dans le cimetière, qui sont authentiques et attestés, auraient très bien pu servir de prétexte à des fouilles.

Parallèlement, l'idée selon laquelle Bérenger Saunière se serait enrichi d'une manière peu scrupuleuse est tout aussi contemporaine de l'abbé. La plus ancienne mention qui en est faite date probablement d'un article de 1948 s'appuyant sur les témoignages de certains habitants du village[9] : *A la fin du siècle dernier [...] il apitoyait les chrétiens du monde entier en signalant que la vieille église, trésor d'architecture, était vouée à une destruction certaine si des travaux urgents de restauration n'étaient pas entrepris [...] il reçut des sommes considérables [...] et le brave curé continua à ripailler et à faire la fête.*

Là encore les arguments ne manquent pas, ne serait-ce que le procès en droit canonique qui lui fut intenté à partir de 1910 par l'évêché de Carcas-

---
(7) Galtier, G : – « Un témoignage sur Rennes-le-Château dans les années 1930 ; *l'itinéraire en terre d'Aude* de Jean Giroud », *Pégase* n°14 – 2006.
(8) Selon les propres termes employés par l'abbé dans ce carnet. Archives privées Corbu-Captier.
(9) Crouquet R :. – « Rennes-le-Château, autrefois capitale du comté de Razès, aujourd'hui bourgade abandonnée » – *Le Soir Illustré*, février 1948. Cet article est reproduit avec une courte étude dans le périodique de Patrick Mensior : *Parle-moi de Rennes-le-Château* – RLC.doc, 2005.

sonne. Selon les défenseurs de cette thèse, le déplacement des corps inhumés se fait traditionnellement la nuit, comme ce fut le cas lors du transfert du cimetière des Innocents à Paris, et les travaux nocturnes de l'abbé Saunière correspondraient bel et bien à une réhabilitation du cimetière.

Du vivant de l'abbé et dans les années qui suivent sa mort, il n'y a pas de chercheurs de trésor au sens où on l'entend aujourd'hui. Par contre, un certain nombre d'érudits et probablement l'abbé lui-même, s'intéressaient à l'antique Rhedae[10] et à son passé fabuleux. Le village de Rennes-le-Château a des origines antiques et représente un patrimoine archéologique important.

À cette époque, si des habitants du village soupçonnent l'abbé Saunière d'avoir pu trouver un trésor, tous pensent raisonnablement qu'il l'a bel et bien dépensé et il ne viendrait à l'idée de personne d'en chercher un improbable reliquat. D'ailleurs, si reliquat il y avait, Marie Denarnaud, qui a hérité de l'ensemble des biens de l'abbé Saunière, aurait bien été la mieux placée pour le savoir et en profiter.

C'est en 1945 qu'arrive au village un homme qui aura une influence prépondérante sur l'affaire : il s'agit de Noël Corbu. Durant la guerre, il avait mis une partie de sa famille à l'abri à Bugarach, un village voisin. C'est à l'occasion d'un pique-nique à Rennes-le-Château qu'il fait la connaissance de Marie Denarnaud. Rapidement de bonnes relations se nouent. Marie est alors âgée et Noël Corbu, homme entreprenant, voit le parti qu'il pourrait tirer de la Villa Béthanie. Aussi se mettent-ils d'accord sur une vente en viager du domaine de l'abbé Saunière.

C'est à Claire Corbu, la fille de Noël, que nous devons le meilleur témoignage sur les années qui vont suivre :

Malgré son grand âge, elle (Marie Denarnaud) *était restée très alerte ; presque chaque jour elle partait dans la campagne pour y ramasser de l'herbe pour les lapins ou faire un fagot de bois mort pour le feu.*

Le soir venu, elle aimait venir bavarder un petit moment avec nous, surtout avec mon père pour qui elle avait beaucoup d'admiration. Pour-

---

(10) Il existait à l'époque de Charlemagne trois citées d'importance dans la région : Narbonne, Carcassonne et Rhedae. Cette dernière fut détruite au XIVème siècle et ce n'est que vers 1880 qu'un érudit local, Louis Fédié, proposa son identification avec le village de Rennes-le-Château.

tant, s'il l'interrogeait sur le passé de l'abbé Saunière, elle ne lui donnait jamais de réponse précise et déviait constamment, avec une habileté déconcertante, la conversation sur un autre sujet.

Par le passé elle s'était toujours comportée de la même façon lorsqu'on avait cherché à la questionner sur l'abbé Saunière. Ainsi, madame J. Vidal, une habitante du village, grande amie de Marie Denarnaud, qui, à l'époque avait mis à sa disposition la chambre même du curé pour la nuit de ses noces, nous a rapporté cette conversation qu'elle eut avec elle :

— Avec ce que Monsieur le Curé a laissé, lui disait Marie, on nourrirait tout Rennes pendant cent ans et il en resterait encore !

— Mais puisqu'il vous a laissé tant d'argent pourquoi vivez-vous comme une pauvresse ?

— A aquo ni tusti pas ! s'exclame Marie (A ça, je n'y touche pas)[11].

Selon le même témoignage, Noël Corbu, lui, se serait entendu dire : *Mon bon Noël, avant de mourir je vous dirai un secret qui fera de vous un homme riche... très riche !* Ou selon d'autres versions plus récentes, *un homme puissant...*

Toujours est-il que Marie Denarnaud meurt le 23 janvier 1953 en emportant avec elle tous ses secrets, réels ou imaginaires. Noël Corbu, homme entreprenant, transforme le domaine de l'abbé Saunière en un hôtel, l'Hôtel de la Tour. Or Rennes-le-Château, déjà à l'époque, c'est le bout du monde et pour faire venir plus de clientèle, Noël Corbu, excellent conteur par ailleurs, qui s'était déjà essayé au roman policier[12], va avoir l'idée d'une attraction toute simple mais qui a un succès inespéré : il se met à raconter l'histoire du fabuleux trésor de l'abbé Saunière.

Comment une telle idée a-t-elle pu germer dans son esprit ? Quelles furent les sources de son récit ? Dans quelle mesure son imagination embellit-elle celui-ci ? À ce jour ce mystère n'a jamais été résolu. Toujours est-il que l'histoire telle qu'il la raconte (cf annexe 5) possède déjà les principaux éléments qui vont contribuer à faire son succès : le fabuleux passé historique du lieu, le pauvre curé de campagne qui dé-

---

(11) Corbu C. et Captier A : – *L'héritage de l'abbé Saunière* – Editions Bélisane, 1985.
(12) Noël Corbu : – *Le mort cambrioleur* – Imprimerie du midi – 1943 ; réédition Œil du Sphinx, 2005.

couvre de mystérieux parchemins à l'occasion des travaux de son église, l'étrange voyage à Paris, les travaux dans le cimetière et la destruction de la désormais fameuse dalle de Marie Nègre d'Ablès, son train de vie devenu soudainement fastueux et sans limite apparente, son procès...

Selon lui, Bérenger Saunière aurait financé la route qui relie Rennes-le-Château à Couiza et s'apprêtait, détail qui a toute son importance, à signer un devis pour des réalisations pharaoniques, réalisations que seule sa mort empêcha, mais qui prouvent bien qu'il reste une véritable fortune à trouver[13].

Il en profite pour avancer l'hypothèse, seule véritable fausse note qui ne passera pas à la postérité, qu'il s'agit de la découverte du trésor de Blanche de Castille et l'évalue à 4 000 milliards. Il a beau s'agir d'anciens francs, voilà une affirmation du plus bel effet !

Noël Corbu ne se contente pas de raconter cette histoire à quelques clients de passage, le soir, à la veillée. Il en fait littéralement la promotion et, grâce à la complaisance de journalistes locaux, vont sortir des articles dans la presse locale. Le premier de ceux-ci, celui qui est resté gravé dans les mémoires, est celui d'Albert Solomon publié en trois épisodes dans *la Dépêche du Midi* : *La fabuleuse découverte du curé aux milliards de Rennes-le-Château : d'un coup de pioche dans le pilier du maître autel, l'abbé Saunière met à jour le trésor de Blanche de Castille*[14]. L'illustration de l'article est à l'avenant, avec un coffre rempli d'or digne du butin d'un pirate des Caraïbes : le rêve est en marche.

Il s'agissait clairement pour Noël Corbu de faire la promotion de son établissement. Il aura d'ailleurs d'autres idées, dans un autre registre, dont celle de faire poser une amie de sa fille, qui ressemble vaguement à Brigitte Bardot, dans la villa Béthanie. À cette époque, l'actrice était une célébrité et il suffisait qu'elle s'arrête boire un verre d'eau dans une buvette pour assurer le succès de l'établissement. Cela donnera là encore un article sensationnel : *J'ai vu Brigitte Bardot dans sa cachette de Rennes-le-Château*[15].

---

(13) Il convient de préciser que dans la réalité Bérenger Saunière n'a jamais versé un centime pour la construction de cette route, ni signé le moindre devis à la veille de sa mort.
(14) *La Dépêche du Midi* des 12, 13 et 14 janvier 1956.
(15) Journal non identifié, le 18 octobre 1958.

Mais c'est bel et bien l'histoire du curé aux milliards qui va avoir le plus de succès, attirant, au fur et à mesure des articles qui paraîtront dans la presse[16], une foule incroyable et hétéroclite de chercheurs de trésor. Leurs aventures pourraient à elles seules remplir un livre. On ne sait déjà pas à l'époque quel trésor on cherche, ni où creuser, mais qu'importe. La fièvre de l'or s'est emparée d'eux et on creuse, partout, frénétiquement, à la pelle, à la pioche et même à la dynamite !

Il ne nous appartient pas de retracer ici toutes leurs aventures, mais à l'époque, le domaine de l'abbé Saunière et ses alentours deviennent une véritable taupinière. On creuse partout des trous profonds, que l'on se revend à l'occasion, contrat à l'appui. Un médium déterrera la réserve de betteraves de M. le Maire[17], un radiesthésiste croira détecter sous le village une importante nappe de pétrole, d'autres trouveront des ossements, du matériel archéologique, des pièces anciennes en bronze et en argent, voire pour les plus chanceux, une véritable pièce d'or[18].

Le meilleur témoignage concernant la folie qui s'est emparée du village est l'arrêté municipal du 25 juillet 1965 qui interdit les fouilles sur le territoire de la commune :

(Le maire) *Considérant qu'il lui appartient de réprimer tous les actes de nature à compromettre la tranquillité et la Sécurité Publique.*

ARRÊTÉ

Article I- *Il est interdit de faire des forages ou des galeries sur les biens communaux et dans le sous-sol de ces biens communaux.*

Le maire après visite contradictoire d'experts prendra alors toutes dispositions pour faire cesser les forages par toute voie de droit et s'il y a lieu en saisissant les tribunaux compétents.

Article II - *Etant donné la fragilité du rocher sur lequel est édifiée la commune de Rennes-le-Château et le danger extrêmement sérieux qu'il en*

---

(16) Pour une recension quasi exhaustive des articles parus : Jarnac, P : – *Les Archives de Rennes-le-Château, tome 1* – Nice, Bélisane, 1987.
(17) Sur cette anecdote et d'autres savoureusement racontées quoique romancées : Blanc-Delmas, G : – *Chronique sur Rennes-le-Château, Marie d'Etienne, le trésor oublié* – Editions envolées, 1998.
(18) Je ne saurais trop déconseiller Rennes-le-Château aux prospecteurs. Chaque arpent de terre y a déjà été passé cent fois au détecteur et d'autre part, les mentalités ayant changé, s'il reste peu probable que vous y trouviez du plomb, vous pourriez y ramasser du gros sel...

résulte pour ses habitants et ses constructions, aucune galerie ou aucun forage pénétrant dans le sous-sol des biens communaux, ne pourra être entrepris sans <u>l'accord préalable</u> du Maire.

Cet arrêté municipal aurait pu mettre fin à cette histoire, mais en 1967 paraît un livre qui fera date : *L'Or de Rennes* de Gérard et Sophie de Sède[19]. Ce livre est important pour plusieurs raisons.

D'abord il s'agit du premier livre concernant l'affaire, et son succès commercial fut énorme (on parle de centaines de milliers d'exemplaires) et, si les dynamitages venaient d'être interdits sur le territoire de la commune, il fit littéralement exploser la notoriété de l'abbé Saunière au plan national comme international puisqu'il fut traduit en plusieurs langues.

Ensuite, parce que s'il s'inspirait des éléments déjà connus de l'histoire, il en donnait d'autres totalement nouveaux, comme la reproduction de deux des parchemins que l'abbé Saunière aurait trouvés dans le maître autel de son église, ou l'influence qu'auraient exercée dans l'ombre les milieux occultistes et les sociétés secrètes.

Enfin parce que l'histoire livrée par le couple de Sède et consorts reste la version la plus classique de l'histoire telle qu'on la raconte encore de nos jours. Il n'y a pas un auteur sur Rennes-le-Château qui, peu ou prou, ne s'en soit inspiré depuis. J'ai moi-même cédé à la tradition pour vous initier à l'affaire lors du précédent chapitre.

Un seul ouvrage arriva à le dépasser en terme de succès commercial, *L'Enigme Sacrée*[20], qui atteignit un tirage de plusieurs milliers d'exemplaires en particulier grâce au public anglo-saxon. Encore les trois auteurs doivent-ils beaucoup à Gérard de Sède qui leur fit connaître l'affaire et les présenta à ses documentalistes.

Pourtant le livre de Gérard de Sède subit, dès sa sortie, de sévères critiques quant à sa dimension historique. Ainsi René Descadeillas, conservateur en chef de la bibliothèque de Carcassonne et véritable historien très

---

[19] De Sède, G. et de Sède, S. : - *L'Or de Rennes ou la vie insolite de Bérenger Saunière, curé de Rennes-le-Château. De quel trésor provenaient ses fabuleuses ressources* - Paris, Julliard, 1967 ; Œil du Sphinx, 2007.
[20] Baigent M., Leigh, R., Lincoln,H : - *The Holy Blood and The Holy Grail* - Londres, J. Cape Ltd ,1982 ; traduit en français par *L'Enigme Sacrée*, Pygmalion, 1985.

au fait de l'historique du village[21] produit une première mise en garde dans une revue savante qui, complétée et enrichie, deviendra un livre toujours d'actualité[22]. Il s'ensuivra une polémique entre les deux auteurs, avec force ouvrages[23], articles et controverse publique tonitruante.

La force du vent n'est rien sans la forêt qui s'y oppose[24].

C'est le talent respectif de ces deux hommes et leur forte personnalité, autant que leur opposition irréductible, qui vont contribuer à fonder le mystère de Rennes-le-Château. D'autres ouvrages verront le jour, impliquant de nouveaux auteurs.

Or, la plupart des auteurs qui vont s'impliquer n'apporteront pas réellement d'éléments nouveaux et ce phénomène est fondamental pour la compréhension de la constitution du mythe de Rennes-le-Château. Si dans les années 1970 les ouvrages parus sont rares, ils sont souvent le fruit de véritables recherches sur un sujet encore mal connu à l'époque. Or, bien que les sources documentaires disponibles soient limitées, les ouvrages vont se multiplier.

Avec le temps, ce phénomène prend une dimension peu concevable. En 2005 il est paru 25 livres en français sur l'affaire, dont aucun n'a apporté d'élément nouveau sérieux. Le dernier livre qui ait réellement apporté quelque chose doit être celui de Patrick Mensior[25] qui date déjà de quelques années.

Les auteurs ont donc fini par se recopier les uns les autres pour servir, peu ou prou, la même histoire. Ils ne font fondamentalement varier que leur point de vue, se contentant d'y apporter quelques témoignages douteux, quelques hypothèses extraordinaires, quelques considérations personnelles. À force d'être répétée sur autant de tons que d'auteurs, l'histoire

---

(21) Il avait déjà été l'auteur d'une excellente étude historique sur Rennes-le-Château : Descadeillas, R :. – *Rennes et ses derniers seigneurs, 1730-1820. Contribution à l'étude économique et sociale de la baronnie de Rennes (Aude) au XVIIIème siècle* – Toulouse, Privat, 1964 ; Pégase 2007.
(22) Descadeillas, R :. – *Mythologie du trésor de Rennes. Histoire véritable de l'abbé Saunière, curé de Rennes-le-Château* – Mémoire de la Société des Arts et Sciences de Carcassonne, 1974 et Editions Collot, 1991.
(23) De Sède, G. : – *Le vrai dossier de l'énigme de Rennes : Réponse à M. Descadeillas* – Editions de l'Octogone, 1975.
(24) Lucain :- *Pharsale* II, 262-263.
(25) Mensior, P : – *L'extraordinaire secret des prêtres de Rennes-le-Château* – Les 3 spirales, 2001.

finit par prendre consistance dans l'esprit du public.

Constamment triturée, elle finit par se modifier peu à peu et par forcément présenter une version qui séduira le public : l'abbé Saunière se serait enrichi grâce à la découverte du trésor des Cathares, des Templiers, d'Alaric, du berger Paris, de Blanche de Castille, à moins qu'il n'ait été financé par la famille des Habsbourg, par une mystérieuse société secrète, par l'abbé Boudet, ou qu'il ne se soit enrichi malhonnêtement par trafic de messes, chantage, trafic d'or avec l'Espagne, qu'il n'ait découvert la Menorah, l'Arche d'Alliance ou un secret religieux, le mariage de Jésus et de Marie-Madeleine, une descendance du Christ, voire le tombeau de ce dernier, etc. Au train où vont les choses, on s'étonne qu'il n'ait pas encore retrouvé la main de sa sœur dans la culotte du Zouave...

C'est clairement de cette façon que s'est cristallisé le mythe de Rennes-le-Château. Cinquante ans après Noël Corbu, quarante ans après Gérard de Sède, des centaines de livres[26] ont été écrits sur le sujet. Pourtant ceux qui ont réellement apporté des éléments sont nettement minoritaires et appartiennent grosso modo à deux écoles.

Selon la première thèse, Bérenger Saunière se serait enrichi grâce à un trésor, à moins qu'il n'ait monnayé un fabuleux secret en relation avec une société secrète séculaire qui aurait traversé l'histoire avec la discrétion d'un loup traversant la nuit.

Selon la seconde, Bérenger Saunière se serait enrichi par le trafic de messes. Or, pas un de ces auteurs n'arrive à mettre en évidence la moindre découverte de trésor. Par contre, tous mettent en cause d'habiles faussaires qui se seraient glissés dans l'histoire comme un loup dans la bergerie.

Or dans les deux cas, le loup est le même et il porte un nom : Le Prieuré de Sion...

---

[26] Pour une bibliographie quasi exhaustive concernant Rennes-le-Château, voir : http//www.rennes-le-chateau.net (Morgan Roussel).

Chapitre 3

Aux origines du Prieuré de Sion

Les cons, ça ose tout. C'est même à ça qu'on les reconnaît[27].

---

(27) Lautner, Georges : *Les tontons flingueurs* (1963), dialogues de Michel Audiard.

Le Prieuré de Sion a bénéficié ces dernières années, auprès du plus large public, d'une publicité tout à fait remarquable pour une société secrète qui se prétend séculaire.

Dan Brown, dans ce qui reste – rappelons-le – un roman, le *Da Vinci Code*[28], présente cette association comme transmettant à travers les âges un secret religieux grâce à des rituels de magie sexuelle concernant l'union de Jésus-Christ et de Marie-Madeleine.

Dans *L'Enigme Sacrée*, les trois auteurs qui étudient largement la question, en arrivent à la conclusion que cet ordre, fondé en 1099 pour protéger un secret dynastique remontant aux Mérovingiens, ferait aujourd'hui d'un certain Pierre Plantard le prétendant le plus légitime au trône de France. Dans leur second ouvrage[29], ils essayent de mettre en évidence la filiation qui aurait existé entre les Mérovingiens et une éventuelle descendance de Jésus.

Selon Gérard de Sède, cette société qui aurait représenté la fine fleur des sociétés ésotériques de ces temps anciens, aurait opéré dans l'ombre auprès de Bérenger Saunière. Selon l'une de ses thèses, les mérovingiens auraient en réalité une origine extra-terrestre ![30]

Au risque de vous décevoir profondément, ces histoires-là, elles aussi, sont fausses. Contrairement à l'affaire de Rennes-le-Château, qui garde tout son mystère, la question d'éventuelles relations entre le Prieuré de Sion et des éléments historiques authentiques ne se pose pas : le Prieuré de Sion est une création récente parfaitement imaginaire due à un petit groupe de personnes, aux motivations et aux horizons très divers, regroupées autour d'un personnage fantasque : Pierre Plantard.

Cette différence entre la réalité des faits et l'image qu'en a le grand public pourrait sembler étonnante au profane. Mais comme le notait déjà un éminent historien de l'occultisme dans les années 1930 : *Initiateurs et initiés respectaient le pacte tacite sur lequel reposaient leurs rapports et en vertu duquel les premiers promettaient de flatter la vanité, de faire vibrer les nerfs et de repaître l'imagination du récipiendaire, tandis que les*

---

(28) Brown, D : – *Da Vinci Code* – Lattès, 2004.
(29) Baigent, M., Leigh, R., Lincoln, H. : – *The Messianic Legacy* – Londres, Jonathan Cape Ltd, 1986 ; traduit en français : – *Le Message, l'Enigme Sacrée* – Paris, Pygmalion, 1987.
(30) De Sède, G : – *La race fabuleuse* – J'ai Lu, 1973.

autres s'engageaient à accueillir sans discussion et sans contrôle toutes les suggestions de leurs instructeurs[31].

Avant d'illustrer l'activité du Prieuré de Sion à Rennes-le-Château, il est utile d'étudier ses origines afin d'en éclairer le caractère totalement illusoire.

Pierre Plantard est né le 20 mars 1920 à Paris, dans le 7e arrondissement. Fils unique issu d'une famille d'employés très modeste, il sera touché très tôt par le décès accidentel de son père en 1922[32]. Les années qui suivent seront difficiles. Il vit avec sa mère qui subsiste d'une maigre pension et de quelques extras qu'elle assure comme cuisinière dans des maisons bourgeoises. Cette situation de misère est d'autant plus pénible pour lui qu'il la vit dans un quartier huppé. L'immeuble où il loge, 22 place Malesherbes, est un des plus chics de la capitale mais l'appartement dans lequel il vit avec sa mère est une chambre de bonne de 6m^2 sous les toits. C'est probablement là qu'il faut situer les origines de ce qui deviendra l'obsession de sa vie : paraître...

À l'adolescence, probablement vers 1934, Pierre Plantard rencontre une femme qui aura une influence prépondérante sur son avenir, Geneviève Zaepffel. Celle-ci emploie sa mère régulièrement et fait la connaissance de ce jeune homme, orphelin de père, à une période où elle voit disparaître ses derniers espoirs de maternité[33].

C'est dans cette famille que Pierre Plantard bénéficie enfin de cette reconnaissance et de cette attention dont il a tant besoin. René Zaepffel, le mari, est décoré de la Légion d'honneur[34], cadre dirigeant d'une importante société. Sa femme Geneviève exploite ce que l'on appelle à l'époque un *cabinet de prédiction* et bénéficie d'une notoriété certaine, comparable à celle d'Elisabeth Tessier de nos jours. Elle écrit des livres de voyance, donne régulièrement des conférences devant un large public, parfois plus de deux milles personnes et fréquente des hommes célèbres à l'époque,

---

(31) Le Forestier, R. : – *L'occultisme et la Franc-Maçonnerie écossaise* – Librairie Académique Perrin, 1928.
(32) Et non en 1926 comme le prétendent les différents rapports de police.
(33) Geneviève Zaepffel est née Lévêque le 5 mars 1892 à Paimpont. Mariée le 15 octobre 1922 à René Zaepffel. Ils avaient fondé ensemble le Centre Spiritualiste, 16 avenue de Wagram à Paris, en 1927 ou 1928.
(34) René Zaepffel incorporé en 1912 et démobilisé en 1919. Il obtint la Légion d'honneur pour faits de guerre en 1937.

tels François de Brinon, journaliste et homme politique appelé à un brillant avenir, Henry Coston, directeur du journal *La Libre Parole* et des professeurs de droit réputés tels Henri de Moncharville, ou Louis Le Fur.

L'influence de cette famille conduit Pierre Plantard encore très jeune à se consacrer à des activités sociales comme l'éphémère *Groupement Catholique de la Jeunesse* qu'il est censé avoir animé[35]. En 1939 il donne une conférence salle Villiers, où Geneviève Zaepffel avait l'habitude de se produire. Le soutien fut donc aussi probablement financier car il n'avait manifestement pas les moyens de louer seul cette salle.

On pourrait se réjouir de cette attention et de ce qui a pu sembler être une promotion sociale au jeune homme d'alors, si la guerre n'était venue dévoiler les dessous de cette étrange relation, dessous on ne peut plus consternants.

Il allait exister durant la guerre deux types de collaboration : la première, de loin la plus courante, se faisait sous les directives du Maréchal Pétain, alors chef de l'Etat. Cette collaboration institutionnelle visait au *relèvement national* et n'était pas à proprement parler pro-allemande. À l'inverse, il existait un second type de collaboration, pangermaniste, ou selon la terminologie de l'époque, pan-européenne, dont le moteur principal était une sympathie affichée pour l'occupant nazi et son programme de *construction européenne* sous couvert de pacifisme de façade.

Cette dichotomie se retrouve notamment au sein des services luttant contre les sociétés secrètes, au premier rang desquelles la franc-maçonnerie. Le Service des Sociétés Secrètes était alors dirigé par Bernard Faÿ, un proche du Maréchal Pétain, tandis qu'un de ses concurrents, le Centre d'Action et de Documentation Antimaçonnique était soutenu directement par l'occupant et dirigé par Henry Coston[36], précédemment cité comme l'une des fréquentations de Geneviève Zaepffel. Un personnage « *sympathique* » qui s'affirmait *antisémite professionnel* et qui n'hésita pas à faire arrêter puis déporter sa deuxième épouse sous l'occupation[37] !

(35) Selon les rapports de police consacrés à Pierre Plantard, ce groupement semble ne pas avoir eu de succès, voire été fictif.
(36) L'occupant mettra à sa disposition en 1941 le siège de la Grande Loge de France, 8 rue de Puteaux et le rémunèrera 20 000F par mois. Voir Sabah, L : - *Une police politique de Vichy, le Service des Sociétés Secrètes* – Paris, Klincksieck, 1996.
(37) Celle-ci avait surpris son mari en compagnie de sa maîtresse. Dans un accès de jalousie elle avait fait usage d'une arme à feu à six reprises. Elle mourut en déportation.

Autre connaissance de la bienfaitrice de Pierre Plantard, Henri de Brinon est qualifié dans un rapport des Services Secrets de l'époque d'*agent d'influence pro allemand,* probablement pour ses activités de missi dominici secret de Daladier auprès d'Adolf Hitler dès 1936. Ses compétences en matière de rapports franco-allemands lui valent d'ailleurs un secrétariat d'Etat sous le gouvernement de Laval[38].

Quant à Geneviève Zaepffel, une des raisons de son succès lui vint de ce qu'elle fut l'une des rares personnes à prédire la défaite de la France en 1940. Elle prône alors régulièrement *les avantages d'une collaboration européenne* et témoigne régulièrement des bontés de l'occupant : *Les chefs allemands vous aiment beaucoup et voudraient que vous soyez heureux comme les leurs chez eux*[39].

Le synchronisme des prises de positions de Pierre Plantard et de Geneviève Zaepffel est alors manifeste. Lorsqu'il écrit le 8 septembre 1939 à Edouard Daladier pour le supplier de ne pas s'engager dans *une guerre perdue d'avance,* sa protectrice envoie au même destinataire, en date du 26, une lettre dont les termes sont similaires. Le 16 décembre 1940, Pierre Plantard écrit une lettre au Maréchal Pétain[40] pour dénoncer un complot judéo-maçonnique imaginaire, tandis que Geneviève Zaepffel se rend en zone sud pour tenter de rencontrer le chef de l'Etat quelques semaines plus tard. Lorsque l'un tente d'obtenir un local pour *La Rénovation Nationale Française* par spoliation, en annonçant le soutien imaginaire des autorités allemandes, l'autre tente la même action, avec les mêmes arguments, au profit de son centre spiritualiste. Pierre Plantard était alors clairement l'instrument de Geneviève Zaepffel qui l'utilisait à la manière d'un poisson pilote.

À partir de 1941, Geneviève Zaepffel tente de donner la direction d'une association à son jeune poulain en essayant de créer un mouvement appelé *La Rénovation Nationale Française.* Non seulement ce mouvement ne rencontra aucun succès mais l'autorisation officielle d'association lui fut

---

(38) Joseph Gilbert : – *Fernand de Brinon, l'aristocrate de la collaboration* – Paris, Albin Michel, 2002.
(39) Conférence à la salle Mursel, février 1941.
(40) Selon le rapport de police qui fera suite à cette lettre, c'est François de Brinon qui aurait transmis cette anthologie de la bêtise au cabinet du Maréchal. Il aurait aussi parfaitement pu transmettre les lettres précédentes à Daladier.

refusée par les autorités d'occupation.

Pour pallier l'échec de cette création, il s'agira alors de prendre le contrôle d'une association déjà existante, l'Alpha Galates, ordre de pseudo-chevalerie, mouvement discret, sinon secret, *officiellement* créé en 1937 pour restaurer des rites initiatiques de chevalerie. Il regroupe des occultistes prestigieux, issus des milieux de l'ésotérisme chrétien proches de Paul Le Cour qui tentaient de s'opposer au modernisme par un spiritualisme composite qui mélangeait la Synarchie, l'Agartha, la mythologie atlante et une chevalerie d'opérette. Ce mouvement est alors dirigé par Henri De Moncharville qui, âgé et selon certains, totalement sénile, cherchait à assurer sa propre succession.

Il fallut un an à Geneviève Zaepffel pour l'amener à ses vues, le convaincre de ses visions : *Un chef jeune sortira d'un groupe de vingt hommes.* Le 21 septembre 1942, c'est chose faite, entérinée par la nomination du jeune Pierre Plantard : *La France qui a pratiqué le culte mensonger d'une jeunesse de littérature, a bien vu, en juin 1940, qu'elle était une nation de vieillards [...] C'est une loi historique qu'après tout désastre national, un pays se détourne de la génération au pouvoir et aille chercher ses chefs parmi les jeunes gens*[41].

Comme les sociétés secrètes étaient sévèrement interdites durant la guerre, l'Alpha Galates prend, sous l'impulsion de son nouveau chef, un caractère public et édite un *organe gratuit*, le journal *Vaincre, pour une nouvelle Chevalerie*. Dès son premier numéro, Pierre Plantard publie les statuts du *Grand Ordre de Chevalerie, rigoureusement fermé aux sujets juifs et à tout membre reconnu comme appartenant à un ordre judéo-maçonnique*[42].

On peut imaginer la joie de Geneviève Zaepffel qui trouve là l'opportunité d'accroître sa sphère d'influence. La collusion s'avère étroite : elle et son mari écrivent dans *Vaincre*, ce journal fait de la publicité pour ses conférences, Pierre Plantard défend avec verve ses thèses collaborationnistes et, lorsque Alpha Galates s'organise en *Arches Régio-*

---

[41] Leboeuf, M : – *La mission des jeunes* – Vaincre n° 4, 21 décembre 1942.
[42] Article 7 des statuts. Étant le dernier article de ces statuts, on peut penser qu'il fut rajouté en fonction des circonstances. Il sera d'ailleurs modifié par la suite comme nous le verrons.

nales, la voyante crée et dirige une association distincte nommée *Arche Nationale*. Lors de l'institution de la Croix du Sud comme nouvel insigne de l'ordre, Geneviève Zaepffel précise : *Croix du Sud, Croix Gammée, symboles d'Avenir*. La confusion des genres est consommée...

On peut aussi imaginer la satisfaction de Pierre Plantard, que les policiers de l'époque décrivent comme *un jeune homme prétentieux, sans grande formation intellectuelle*, d'être devenu à vingt-deux ans *l'altesse druidique* d'une association de personnes ayant des talents biens supérieurs aux siens.

Malheureusement, il est des retournements de situation que l'on n'attend pas, fût-on voyante.

Le secrétaire de l'Ordre, Francis Sadot dit Jean Falloux, connaissant sans doute les prétentions chevaleresques des francs-maçons du Rite Ecossais Rectifié et assimilant celles-ci aux buts mêmes d'Alpha Galates, joue les redresseurs de torts. Dans un article du *Pilori*[43], il dénonce Pierre Plantard comme étant un Franc-maçon. À l'époque, l'accusation était grave, aussi la réaction du *Grand Commandeur* d'Alpha Galates ne devait-elle laisser place à aucune ambiguïté.

Le numéro 3 (21 septembre 1942) de *Vaincre* fait état de l'enquête du *Conseil de la Haute Cour de l'Ordre* qui lave Pierre Plantard de ces accusations grotesques et annonce la radiation du comploteur. Pour qu'il ne subsiste aucun doute, le numéro 5 (21 janvier 1943) dénonce nominativement des Frères.

Or, contre toute attente, il se trouve que ledit Francis Sadot n'était pas loin de la vérité : Alpha Galates était une structure qui abritait bon nombre de francs-maçons, en particulier Camille Savoire, fondateur en 1935 du Grand Prieuré des Gaules, dénomination prudente, qui abritait justement le Grand Chapitre du Rite Ecossais Rectifié en France[44].

---

(43) Pierre Plantard était alors trop jeune pour avoir été un maçon de haut grade. C'est suite à cet événement que *Vaincre* deviendra un organe réservé à ses seuls membres et que s'arrêtera la distribution publique. D'autre part, l'article du *Pilori* est en réalité plus moqueur que dangereux et l'affaire a manifestement plus blessé l'ego des protagonistes qu'il ne les a mis en danger.

(44) Camille Savoire avait aussi été Grand Commandeur du Grand Collège des Rites (organisme qui abrite les hauts-grades au Grand Orient), 33ᵉ (grade le plus élevé dans le Rite Ecossais ancien et accepté), et d'une manière générale, un des membres influents de la franc-maçonnerie française. En 1935 il fonda le Grand Prieuré des Gaules (organisme qui abrite les hauts-grades du Rite Ecossais Rectifié).

Bien qu'Alpha Galates soit un ordre initiatique assez mal connu, il semble qu'il ait réuni des disciples de Paul Le Cour et des francs-maçons chrétiens au sein d'un ordre de chevalerie dont la mystique était chère aux deux parties[45]. Durant la guerre et face aux persécutions auxquelles ils étaient soumis, ces derniers auraient trouvé là un refuge pour leurs activités, en contrepartie d'un silence transitoire vis-à-vis des nouveaux débordements de l'Ordre.

Celui-ci avait en effet le mérite de leur garantir une façade présentant toutes les garanties vis-à-vis de leurs persécuteurs mais, mis en danger par l'article du *Pilori* et ne souhaitant pas être associés à des dénonciations nominatives de Frères, ils quittèrent précipitamment la maison où le nouveau Grand Commandeur venait purement et simplement de mettre le feu.

Comme une catastrophe n'arrive jamais seule, Henri de Moncharville décède le 23 janvier 1943. L'association Alpha Galates implose littéralement et le numéro 6 (21 février 1943) de *Vaincre*, qui comptait jusque-là tant de signatures prestigieuses, n'héberge plus que deux éditorialistes, Pierre Plantard et Auguste Brizieux. Ce fut le dernier numéro de la revue. Les enquêtes de police qui auront lieu par la suite indiquent que le mouvement ne fédère plus alors qu'*une cinquantaine d'adhérents, lesquels d'ailleurs démissionnent à tour de rôle dès qu'ils ont apprécié le Président de l'association et constaté que celle-ci n'a aucun caractère sérieux.*

Sic Transit Gloria Mundi.

Quelques mois plus tard, Camille Savoire obtient l'autorisation de Robert Ambelain de fonder une loge dénommée *Alexandrie d'Egypte*, où sera initié clandestinement Robert Amadou, autre jeune membre de l'Alpha Galates que beaucoup s'étonnaient jusqu'à présent de trouver là[46]. Echaudés par leurs précédentes aventures, les maîtres du Rite Ecossais Rectifié tenteront cette fois l'alliance avec le rite maçonnique de Memphis-Misraïm.

Les années passèrent sans faire oublier les relents de l'histoire. Geneviève Zaepffel fut arrêtée par les FFI, jugée et condamnée à un an de prison

---

(45) Sur les rapports éventuels entre le Hiéron du Val d'Or et la Stricte Observance Templière, voir Dubois, D : – *Rennes-le-Château, l'occultisme et les sociétés secrètes* – Œil du Sphinx, 2005 et Charbonnier, A. : - *Milosz, l'étoile au front* – Dervy, 1993. Ces rapports peuvent être soupçonnés mais ne sont ni prouvés ni détaillés.
(46) Robert Amadou était appelé à un brillant avenir au sein des milieux occultistes et illuministes.

ferme et dix ans d'indignité nationale ; elle reprit après guerre ses activités de voyance, au grand scandale de ses collègues. À l'issue de la guerre, François de Brinon fut jugé, condamné à mort et exécuté pour les lourdes responsabilités politiques qu'il avait assumées par ailleurs sous le gouvernement Laval. Henri Coston fut condamné à perpétuité en 1947 pour des motifs similaires. Relâché dès 1952 pour raisons de santé, il poursuivit ses obsessions de complot judéo-maçonnique à travers quelques ouvrages malsains, jusqu'à sa mort en 2001.

À l'inverse, Camille Savoire, franc-maçon reconnu et influent, resta à la tête du Grand Prieuré des Gaules jusqu'à sa mort en 1951. Robert Amadou qui cumula clandestinement les initiations maçonniques et martinistes[47], eut, après guerre, une belle carrière tout comme Robert Ambelain[48].

Pierre Plantard purgea pour sa part quelques mois de prison. À sa libération, il essaya, avec une certaine duplicité mais sans succès, de relancer l'Alpha Galates en remplaçant opportunément l'article 7 des statuts, précédemment cité, qui stipule désormais que les adhérents doivent *n'avoir appartenu à aucune organisation allemande ou pro allemande (milice, L.V.F., etc...)*. Autre temps, autres mœurs...

Son rôle insignifiant durant la guerre lui valut de ne pas être sérieusement inquiété. Après son mariage avec Anne Léa Hisler, il quitta Paris pour aller s'installer en Province.

Cet aperçu des tribulations de Pierre Plantard durant sa jeunesse est révélateur à plus d'un titre.

L'association Alpha Galates ayant disparu des mémoires, il fonda en 1956, sous forme d'une simple association de loi 1901, ce qui devint son nouveau dada : le Prieuré de Sion[49]. Lorsque celui-ci commença à être connu, les premiers chercheurs arrivèrent assez vite à la conclusion qu'il s'agissait d'une coquille vide. Nombreux furent alors ceux qui s'interrogèrent sur ce qui pouvait éventuellement être caché et ils trouvèrent rapi-

---

(47) Doctrine mystique issue de l'œuvre de Louis-Claude de Saint-Martin (1743-1803) qui considère le Christ comme intermédiaire unique avec Dieu.
(48) L'adhésion d'Ambelain à l'Alpha Galates n'est pas évidente. Lui, Robert Amadou et Camille Savoire étaient en relation par le biais d'une méta organisation, la FUDOFSI.
(49) On notera la parenté entre les appellations Prieuré des Gaules et Prieuré de Sion. On peut envisager l'hypothèse selon laquelle Pierre Plantard voulait entretenir la confusion avec un grand chapitre de maçonnerie de tradition.

dement l'ordre Alpha Galates. La découverte de ce mouvement, très mal connu à l'époque, permettait toutes les spéculations. En particulier, on était en droit de s'interroger sur celui qui tenait les rênes de cette association initiatique et sur les motifs occultes qui avaient pu l'y conduire si jeune.

Nous voilà mieux renseignés aujourd'hui. Pierre Plantard ne fit qu'un passage éclair dans cette institution. Capitaine par procuration, il coula le navire au milieu de la tempête, sitôt arrivé. Quant aux protections occultes dont il bénéficia alors, il s'agissait d'une voyante particulièrement myope, aux fréquentations et aux motivations douteuses, qui profita de ces années troubles pour améliorer très nettement son état de fortune.

On comprend aussi beaucoup mieux la position de Pierre Plantard au sein du microcosme ésotérique. Lorsque, plus tard, il se recommandera régulièrement de Paul Le Cour, de Camille Savoire, de Georges Monti et d'Henri de Moncharville[50], il fera référence à une période de sa vie durant laquelle il fréquenta des personnages prestigieux dans ces milieux, personnages opportunément décédés alors, ce qui avait le mérite d'éviter tout risque de contradiction, ou pire, de mise au point[51].

En revanche, il subsiste une sérieuse méprise concernant ses convictions. Certains journalistes qui enquêtaient à l'occasion des nombreuses publications qui suivirent le *Da Vinci Code* et à qui l'on avait opportunément fourni son dossier de police, se complurent à le décrire comme un nostalgique des années noires. Personnellement je ne le pense pas.

Contrairement à Henri Coston qui, sitôt libéré, reprit ses errements antisémites et antimaçonniques, et ce jusqu'à ses derniers jours en 2001, Pierre Plantard ne s'associa plus jamais à ce type d'activités. En 1954, à la grande surprise des enquêteurs qui le lui refusèrent, il demanda un certificat d'internement prétendant avoir été arrêté et maltraité par les Allemands. Il était devenu gaulliste aussi subitement qu'il avait été pétainiste.

Une autre de ses mystifications va achever de mieux nous renseigner sur son caractère profond.

---

(50) Voir en particulier de Sède, G : – *Rennes-le-Château, le dossier, les impostures, les phantasmes, les hypothèses* – Paris, Robert Laffont, 1988.
(51) Selon des recherches en cours, il est possible que l'Alpha Galates n'ait pas eu plus de réalité objective à l'époque que le Prieuré de Sion par la suite et soit aussi une pure création imaginaire. Les aberrations que nous venons de décrire n'auraient alors pas d'autre origine que la simple bêtise de leurs inventeurs.

En 1958, après les évènements d'Alger et la fondation des Comités de Salut Public, le général de Gaulle reprend le pouvoir. Se pose alors le problème de la dissolution de ces Comités susceptibles de représenter une menace pour la stabilité politique du pays. Comme le note Jean-Jacques Bedu, qui a bien documenté cette affaire : *Il fallait se douter que Pierre Plantard, après avoir tenté une première fois de sauver la France en 1940, prévenant Pétain d'un attentat gaulliste, allait nous gratifier d'une extraordinaire pantalonnade dont il était passé maître*[52].

Effectivement, se targuant d'une fausse lettre du général de Gaulle commençant opportunément par *Mon cher Plantard*, il se prétend directeur du Comité Central et inonde les journaux, particulièrement *Le Monde*, de communiqués, reproduits tels quels dans l'urgence avant de s'interroger sur ce *M. Plantard, comptable dans une entreprise parisienne*. Il ne représentait alors plus guère que lui-même. Son nouveau pseudonyme, capitaine WayPaix, correspond en réalité à son numéro de téléphone de l'époque, WAY 6139, livré en clair… au cas où des personnes crédules souhaiteraient venir se mettre aux ordres.

Cette mystification est intéressante à plus d'un titre. D'abord parce que, pétainiste ou gaulliste, Pierre Plantard suit les modes, sans pudeur, pour autant qu'elles soient susceptibles de lui permettre de se mettre en avant. Si l'Armée Rouge était venue défiler sur les Champs-Élysées, ne doutons pas qu'il se serait découvert stalinien. Ensuite, parce que l'affaire Way Paix, totalement dénuée de prétentions ésotériques, confirme que l'essentiel lui était d'apparaître comme quelqu'un d'important, et non de diffuser sans relâche une doctrine occulte ou un message politique.

Ne doutons pas que cette absence de conviction propre sera encore plus sévèrement jugée par certains que son hypothétique fidélité à des doctrines nauséabondes. Pierre Plantard s'est effectivement révélé être un mythomane doté d'un culot sans limite, un personnage influençable aux activités hautement douteuses, un aventurier dénué de tout scrupule et, à ses heures, un escroc.

Pourtant, sans vouloir excuser ses errements, il faut peut-être savoir faire preuve d'une certaine compassion. Lors d'une de ses dernières aven-

---

(52) Bedu, J.J : – *Les sources secrètes du Da Vinci Code* – Monte-Carlo, Editions du Rocher, 2005.

tures qui avait mal tourné, en 1993, alors qu'il est interrogé par le juge Thierry Jean-Pierre[53], à la question *profession du père*, il ne répondra pas *valet*, mais *architecte*. Il est des blessures d'enfance qui ne guérissent jamais et qui vous poursuivent toute une vie. Voilà, je pense, le seul véritable secret qui se cachait obstinément derrière le Grand Maître du Prieuré de Sion.

Pierre Plantard décède en février 2000. La nouvelle est annoncée en avril après son incinération.

---

(53) Un article du journal *Minute* avait fait état d'une rumeur liant le Prieuré de Sion à un scandale politico-financier de l'époque. Le juge Thierry Jean-Pierre, en charge de cette affaire, fut interrogé par la suite pour connaître son opinion sur le personnage. Sa réponse avait le mérite de la concision : « *Un fou !* ». Bien entendu la rumeur n'était pas fondée.

Chapitre 4

Le Prieuré de Sion et Rennes-le-Château

Fondons, disait Weishaupt, des académies secrètes. Là, instruisons-nous de tout ce que savent les autres hommes. Concertons-nous pour reculer les frontières de la science sur des terrains inconnus. Gardons pour nous les connaissances inédites que nous aurons découvertes. Mêlons-les fortement à nos idées et à nos systèmes, et publions-les avec éclat, quand l'opinion, prise au dépourvu, n'aura ni le temps ni les moyens de contrôler nos dires, et sera acculée entre ces deux impasses, ou de nier le vrai que nous dirons par peur du faux, ou d'admettre le faux par peur de rejeter le vrai, tant nous aurons habilement mélangé l'un et l'autre[54].

---

(54) De Rosnay F : – *Le Hiéron du Val d'Or* – Paray-le-Monial, 1900.

Ainsi le Prieuré de Sion, le fameux loup qui s'est invité dans l'affaire de Rennes-le-Château, loin d'être une société secrète séculaire, s'avère être une simple association de loi 1901 comme n'importe quelle amicale de pêcheurs à la ligne. Elle fut créée de toutes pièces en 1956 par un mythomane invétéré qui espérait y trouver la reconnaissance qu'il recherchait depuis son enfance.

Les milieux occultistes sont spontanément tolérants, voire accueillants à l'égard de ces aventuriers tantôt illuminés, tantôt escrocs, souvent les deux à la fois. La liste des personnages qui abritèrent leurs fantasmes dans le secret de telles sociétés est longue, depuis le baron Von Hund à Pierre Plantard : Schlom le Noir, le pasteur Rosa, Cagliostro, le comte de Saint-Germain, l'abbé Boullan, Jules Doinel…

Décrire les errements de tels groupements est un exercice difficile, car il s'agit de personnes qui ont perdu le sens commun depuis longtemps, pour autant qu'elles l'aient jamais possédé. Non contents d'écrire eux-mêmes leur propre histoire à leur guise, ces hommes l'ont, au gré de leurs besoins et de leurs vaticinations, ré-écrite, le plus souvent sans se soucier de pudeur ni du simple bon sens.

D'ailleurs, même sous cette forme administrative officielle déclarée en Préfecture, le Prieuré de Sion a-t-il réellement existé ? Une société secrète, sous couvert de discrétion, est un espace de socialisation au sein duquel se transmet une doctrine qui prétend donner une initiation, généralement au travers de rituels ou, à défaut, d'enseignements. Comment le Prieuré de Sion était-il organisé ? Comment recrutait-il ? Combien de membres y auraient adhéré ? Quels auraient été leurs lieux de réunion ? Leur rituel ?

Jean-Pierre Deloux, présenté de notoriété publique comme l'un de ses membres, a bien voulu nous renseigner sur ces points. Il n'a jamais participé à la moindre réunion, ni pénétré dans un temple ou subi une quelconque initiation rituelle. Il n'a pas plus demandé son admission. Il n'a jamais été amené à rencontrer d'autres membres, à l'exception de Pierre Plantard et parfois de Philippe de Cherisey.

En réalité, passionné d'imaginaire et de romans policiers, écrivain professionnel reconnu, c'est en se consacrant à la rédaction de son livre[55] qui

---

(55) Brétigny, J. et Deloux , J.P : – *Rennes-le-Château, capitale secrète de l'histoire de France* – Atlas, 1982. ; réédition Pégase, 2006.

se faisait l'écho des thèses précises, qu'il a été amené à rencontrer Pierre Plantard, le plus souvent seul, dans des conversations sans prétention : tout simplement dans un café autour d'une boisson chaude. À l'occasion, il se faisait communiquer de courts textes, appelés *rêveries initiatiques*, textes agréables à lire et souvent ingénieux mais qui ne constituent ni une doctrine organisée ni le credo d'un mouvement[56].

Ce témoignage sur le Prieuré de Sion à sa grande époque est des plus intéressants. Comme par ailleurs les archives du Prieuré de Sion ont été publiées par un de leurs transfuges[57] et qu'elles sont toutes aussi muettes sur la réalité des pratiques du mouvement que sur ses effectifs, il est clair que cette société secrète *séculaire* dirigeant le monde est en réalité un *mouvement récent plus ou moins fictif voulant se donner de l'importance*[58] dont Pierre Plantard était coutumier.

Jean-Pierre Deloux avoue pour sa part n'avoir jamais eu connaissance de son appartenance au Prieuré de Sion, preuve supplémentaire qu'il faut se méfier du *tout le monde le sait* quand on s'intéresse à Rennes-le-Château. Consterné par la réalité du personnage dont il a eu connaissance par la suite, il garde cependant un excellent souvenir de leurs rencontres. Il espérait que mes recherches permettraient d'en donner une meilleure image, tâche difficile s'il en est.

Néanmoins, il est temps de rendre hommage à ce qui fut, d'un avis unanime, la grande qualité de Pierre Plantard : sa capacité à bien raconter les histoires, fussent-elles à dormir debout.

À la fin des années 1950, un journaliste nommé Gérard de Sède produit une série d'articles consacrés au trésor des Templiers qui, selon les déclarations d'un certain Roger Lhomoy, serait caché sous la butte qui supporte le donjon du château de Gisors. Les mots *trésors*, *secrets* et *templiers* réveillent les talents de Pierre Plantard qui prend contact avec lui pour lui donner quelques informations forcément inédites. Le journaliste se laisse séduire et accorde une interview qui parut sous le titre *Gisors et son secret*

---

(56) Ces notes ont été éditées par Jean-Pierre Deloux dans – *Les Archives Secrètes du Prieuré de Sion* – Edite, 2006.
(57) Chaumeil, J.L : – *Les archives du Prieuré de Sion* – *Le Charivari*, octobre 1973 ; réédition Pégase, 2006.
(58) Selon la formule d'un rapport de police, archives de la Préfecture de Police, cote 1GaP7.

(1960), avant de développer ses recherches dans un livre : *Les Templiers sont parmi nous*[59].

Contrairement à son informateur, Gérard de Sède est un homme sans tache : notoirement de gauche, tendance trotskiste, authentique résistant, caractère fort et bien trempé. Il exerça de multiples professions dont celle de journaliste et il mit sa plume et son immense talent littéraire au service de l'imagination de Pierre Plantard. Il est surtout un authentique artiste surréaliste qui a côtoyé les plus grands, notamment André Breton. Il avoue d'ailleurs dans un de ses livres consacré à Rennes, *on se prend à penser que le mot célèbre d'André Breton : « L'imaginaire c'est ce qui tend à devenir réel » n'est encore qu'une formule assez timide*[60]. Tout un programme…

Avec des motivations totalement différentes, les deux hommes engagent ce qui sera une fructueuse collaboration. *Les Templiers sont parmi nous* est le premier grand succès littéraire de Gérard de Sède, (avec un tirage supérieur à *L'Or de Rennes* publié plus tard), l'équivalent d'un best seller de l'été. Un tel succès pourrait appeler une suite, mais les travaux d'une société savante locale, la Société Historique et Géographique du Bassin de l'Epte, met en défaut les thèses défendues dans l'ouvrage. Ce n'est pas très grave en soi, car Pierre Plantard s'intéresse alors à un petit village dont on commence à parler : Rennes-le-Château. Aussi commence-t-on à l'y voir en compagnie d'un de ses amis de longue date : Philippe de Cherisey.

Authentique marquis à quatorze quartiers de noblesse, ce dernier est une personnalité flamboyante, extrêmement cultivée. Au civil il est artiste, en particulier acteur de théâtre et de télévision. Il est aussi et surtout doté d'un très solide sens de l'humour et aurait collaboré au scénario de l'émission radiophonique de Francis Blanche *Signé Furax*, ce qui expliquerait les parallèles qui peuvent être faits entre cette émission et l'affaire de Rennes-le-Château. Enfin, et cela va avoir toute son importance pour la suite des évènements, cet original a des talents de faussaire à ses heures.

À quelle époque Pierre Plantard est-il exactement arrivé à Rennes-le-

---

(59) De Sède, G : – *Les Templiers sont parmi nous* – J'ai lu, 1962.
(60) Sur l'engagement surréaliste de Gérard de Sède, lire Lignon, M.C : « Gérard de Sède, Notes biographiques », Œil du Sphinx, *Actes du colloque d'études et recherches sur Rennes-le-Château 2005*.

Château ? Le nom de Saunière ne devait pas lui être totalement inconnu puisqu'Alfred Saunière, le frère de notre curé, avait été associé à une très curieuse histoire dont les milieux occultistes chrétiens avaient gardé un souvenir durable, en tant que victimes. Il semble cependant qu'il se soit rendu à Rennes-le-Château sur les indications de Sophie de Sède, qui avait elle-même pris connaissance de l'affaire par un dénommé de La Ligerie, vieil aristocrate excentrique. qui habitait La-Bastide-sur-L'Hers dans les Pyrénées. C'est probablement la coïncidence de ces deux faits qui décidèrent Pierre Plantard à se rendre sur place, dans les années 1960.

À Rennes-le-Château, il rencontra un autre excentrique en la personne de monsieur Marius Fatin qui avait racheté le château en ruine. Celui-ci se livrait depuis déjà quelques années à des travaux pour le moins curieux, rédigeant des mémoires historiques, collectionnant des pierres qu'il présentait comme des ossements fossiles humains ou réalisant des cartes géographiques sur lesquelles il projetait les constellations du zodiaque. Les deux hommes s'entendirent assez bien pour que naisse une relation étroite. C'est Marius Fatin qui initia Pierre Plantard à ses recherches sur l'histoire du village.

Selon le témoignage de son fils, Henri Fatin, c'est au château que Pierre Plantard trouva pour la première fois *La Vraie Langue Celtique*[61] qui deviendra l'un de ses livres de chevet. Ce livre, écrit à l'époque de Bérenger Saunière par le prêtre d'une paroisse voisine qui s'essayait en autodidacte à la linguistique, particulièrement brumeux sur le fond et la forme, lui a permis de développer des spéculations tout à fait originales. Toujours selon le même témoignage, c'est aussi au château que se trouvaient les notes de travail d'un érudit local, Eugène Stublein, réutilisées quelque temps plus tard par le Prieuré de Sion pour une de leurs facéties.

Rapidement, en effet, Pierre Plantard, assisté des talents de Philippe de Cherisey, se met à produire des faux documents destinés à éclairer d'une manière très personnelle cette affaire de trésor qui demeure alors une énigme[62]. Bien que se présentant sous des formes diverses, ces docu

---

(61) Boudet, H. : – *La Vraie Langue Celtique et le Cromleck de Rennes-les-Bains* – Carcassonne, Bonnafous, 1886 ; réédition en fac similé Œil du Sphinx, 2006.
(62) Ces textes ont été édités par Jarnac, P : – *Mélanges Sulfureux 1,2 et 3* – Couleur Ocre, 1994-95.

ments tendent tous à mettre en lumière une survivance de la lignée royale mérovingienne (les fameux rois fainéants) jusqu'à nos jours, aboutissant opportunément dans leur descendance à Pierre Plantard. Cette survivance, présentée comme un des évènements marquants de l'histoire secrète de la France, aurait bénéficié de l'aide d'un ordre de chevalerie, le Prieuré de Sion, dont nos auteurs repoussent l'origine à 1099, histoire de lui donner une belle patine de contrebande.

Le château de Rennes-le-Château © Archives départementales de l'Aude

Ceux qui connaissent les milieux nobles ont compris l'ingéniosité de l'invention. En effet, il existe différentes catégories de noblesse. Celle d'Empire est tenue pour dérisoire par ceux qui ont été anoblis sous la monarchie d'avant 1789. Parmi la noblesse royale, il existe une distinction du même genre entre noblesse d'épée, remontant au Moyen-âge et trouvant sa justification dans la fonction militaire, et la noblesse de robe, juridico-administrative et plus tardive. En faisant remonter sa filiation aux Mérovingiens, la prétention de Pierre Plantard lui permet de s'octroyer une position des plus prestigieuses. Selon lui, Dagobert II, dernier roi de cette lignée, assassiné en 681, aurait eu une descendance cachée qui serait venue se réfugier à Rennes-le-Château. Prenant plus tard le nom de Plantard, traduit opportunément par *rejeton ardent*, ce fils caché selon leur traduction[63], apporte la preuve supplémentaire de la filiation.

---

(63) En vieux français, un plantard est un greffon. Ce mot désignait en langage populaire les bâtards, une autre forme d'enfant caché en réalité.

Il existe, dans l'histoire de France, un certain nombre d'aventuriers qui, généralement en se faisant passer pour un descendant de Louis XVII, ont prétendu être les héritiers les plus légitimes au trône de France. Certains ont d'ailleurs connu un certain succès, tel Karl-Wilhelm Naundorf[64]. Le but de l'histoire n'est pas pour Pierre Plantard d'être un simple postulant à un trône renversé depuis longtemps ; il y mêle des prétentions ésotériques concernant le retour du Grand Monarque, mi-roi idéal, mi-sorcier sacré, qui hante la littérature occulte depuis Nostradamus et réinterprète le mythe arthurien tout en donnant au sang de ces premiers rois des vertus sacramentelles à visée mystique.

Ceux qui connaissent le fonctionnement des sociétés initiatiques ont aussi compris l'ingéniosité qui consiste à présenter le Prieuré de Sion comme un ordre intérieur de celui du Temple. Sous prétexte de sélection initiatique, de tels ordres prétendent souvent constituer la direction occulte des mouvements sur lesquels ils se sont greffés et qu'ils arrivent à parasiter. Ici, la cible concernait les mouvements néo-templiers que Pierre Plantard connaissait si bien. Malheureusement pour lui, ces derniers le connaissaient aussi.

Toutes ces histoires assez mal connues du grand public permettaient à Pierre Plantard de prendre beaucoup de libertés mais, lorsqu'elles commencèrent à être diffusées, des historiens qualifiés les mirent en pièces sans grandes difficultés. Une rapide étude généalogique montre en effet que Pierre Plantard n'aurait pu bénéficier du droit d'aînesse si une telle famille avait existé. Il en fut de même pour l'étude d'une survivance mérovingienne[65]. Qu'importe l'avis de ces historiens, à l'imagination qui crée une histoire extraordinaire s'ajoute alors une promotion des plus subtiles pour en assurer le succès.

Les premiers papiers circulèrent sous le manteau et firent l'objet d'âpres négociations dans un milieu de chercheurs de trésors friands d'informations exclusives. Comme dans ces mêmes milieux un secret n'est jamais mieux gardé qu'à plusieurs, la nouvelle se propagea lentement mais sûre-

---

[64] Karl-Wilhelm Naundorf avait d'abord exercé la profession de faux-monnayeur et avait été condamné en 1824 à Brandebourg. Son parti, les monarchistes Naundorfistes, qui fut fondé après sa mort, continua son activité jusque vers 1940.
[65] Bordes, R : – *Des mérovingiens à Rennes-le-Château, réponse à Messieurs Plantard, Lincoln, Vazard et Cie* – Rennes-les-Bains, Philippe Schrauben éditeur, 1984.

ment, auréolée du sceau du secret transmis entre personnes de confiance, ce qui en assura encore mieux la crédibilité.

Autre manœuvre utilisée, la publication dans un journal complaisant, la *Semaine Catholique Genevoise*, d'un article nécrologique consacré à une certain Léo Schidloff[66] qui se faisait l'écho des nouvelles thèses, gratifiées d'une réponse contradictoire d'un certain S. Roux[67]. Bien entendu, personne n'aurait eu l'idée à Rennes-le-Château de lire cette publication helvétique à diffusion pour le moins restreinte si on ne l'avait fournie fort opportunément. Le ton polémique adopté dans les débats fera le reste.

Mais ce que recherchent nos faussaires, c'est surtout une forme de reconnaissance officielle. En 1966, la prestigieuse *Internationnal League of Antiquirian Booksellers* expédie une lettre à Marius Fatin qui en assurera la publicité nécessaire auprès de la presse régionale : ... *nous avons le grand plaisir de pouvoir vous informer que votre château est en effet historiquement le plus important de France, car cette demeure fut le refuge en 681 du prince Sigebert IV, fils du roi Dagobert II*. Bien entendu, la lettre se révéla être un faux[68], Marius Fatin, complice complaisant, a ainsi permis au journaliste local de rendre sa copie quotidienne sans trop d'efforts et les dupes ont été ravis de la nouvelle.

Néanmoins le vrai coup de génie de nos faussaires, ce fut de faire enregistrer une partie de leur production à la Bibliothèque Nationale, le tampon de celle-ci valant toutes les reconnaissances officielles. Il ne restera plus alors qu'à les faire découvrir et le tour sera joué...

Un des plus beaux exemples de cette méthode est l'affaire dite du *Serpent Rouge*. Il s'agit d'une pseudo-étude hermétique, comportant quelques considérations ésotériques sur les églises Saint-Germain et Saint-Sulpice de Paris ainsi qu'un court tableau dynastique sur l'époque mérovingienne. L'ensemble, attribué à trois auteurs (Pierre Feugère, Louis Saint-Maxent et Gaston de Koker) fait seulement quelques pages dactylographiées ; il est édité le 17 janvier 1967 et enregistré à la Bibliothèque Nationale le

---

(66) Burrus, L : – « Faisons le point... » – *Semaine catholique genevoise* – 22 octobre 1966. Les faussaires du Prieuré de Sion venaient justement d'attribuer un de leurs faux à ce Léo Schidloff opportunément décédé.
(67) Roux S : – *L'affaire de Rennes-le-Château, réponse à M. Lionel Burrus* – Chez l'auteur, 1966.
(68) Voir Jarnac, P., op. cit. page 25.

15 février suivant[69]. Les trois auteurs, qui habitaient dans le même département, à savoir le Val d'Oise, furent retrouvés tous trois pendus en l'espace de vingt-quatre heures, les 6 et 7 mars 1967, soit quelques jours seulement après l'enregistrement. Unité de lieu, unité de temps, unité du moyen : cette fin tragique va très largement troubler les chercheurs de Rennes-le-Château parmi lesquels cet opuscule circule sous le manteau et contribuer ainsi au succès de ce qui va s'avérer être non seulement un faux pur et simple mais, plus grave, une manipulation monstrueuse.

C'est Franck Marie qui livra les premiers éléments de l'enquête[70] et nota un certain nombre de contradictions. Après avoir relaté que les enquêtes de police, menées séparément, concluaient au suicide de chacune des trois personnes, cet ancien détective privé établit que *Le Serpent Rouge* avait été frappé avec la même machine à écrire que certains autres faux documents (dont certains postérieurs) attribuables au Prieuré de Sion. Il identifia également cette machine comme étant celle de Anne Léa Hisler, l'épouse de Pierre Plantard. Enfin et surtout, il fit ressurgir un gros problème de concordance de dates : si celle du dépôt légal à la Bibliothèque Nationale (le 15 février 1967) est bien antérieure de 19 jours aux décès des trois auteurs, l'estampillage, effectué habituellement en quelques jours, qui rend le document public, n'intervient très anormalement que le 20 mars soit 16 jours APRES leur mort.

En réalité, il est aujourd'hui établi que les auteurs de cette sinistre plaisanterie ont bénéficié de deux complicités. La première, à la Préfecture de police de Pontoise, où quelqu'un a informé les auteurs effectifs de l'opuscule *Serpent Rouge* de la singularité d'un fait divers, à savoir trois suicides en vingt-quatre heures, de personnes indépendantes, selon la même méthode et dans le même département (l'enquête a conclu qu'elles ne se connaissaient pas). Souhaitant mettre cet événement, troublant mais fortuit, à profit, nos mystagogues ont réussi à bénéficier d'une seconde complicité au sein de la Bibliothèque Nationale qui leur a permis, à l'aide d'un tampon légèrement modifié, d'ANTIDATER de plusieurs semaines le dépôt légal de leur document, après avoir attribué leur œuvre aux trois disparus. Le tour était joué et l'affaire alors « officialisée » par une admi-

---

[69] Sous la côte 4°L7K 50490
[70] Marie, F : – *Rennes-le-Château, étude critique* – Vérités Anciennes, 1978.

nistration de l'Etat Français.

Aspect nettement moins sympathique de cette affaire : les trois familles des pseudo-auteurs, déjà durement éprouvées par ces décès tragiques, ont été durablement touchées par les retombées et les questionnements qui n'ont pas manqué de surgir. Imaginez-vous être à leur place, dans leur affliction, pour bien comprendre la cruauté de cette sinistre plaisanterie.

Outre le *Serpent Rouge*, les auteurs effectifs firent circuler des pseudo-études historiques (une demi-douzaine quand même !), elles aussi enregistrées à la Bibliothèque Nationale, créèrent de toutes pièces un livre (*Les pierres gravées du Languedoc*), qu'ils attribuèrent à un auteur du XIXème siècle au dessus de tout soupçon, Eugène Stublein, grâce aux éléments trouvés chez Marius Fatin[71]. L'imagination du Prieuré de Sion et le culot de ses animateurs semblent n'avoir pas connu de limites.

Le décor étant savamment et patiemment planté, il ne restait plus qu'à reprendre contact avec Gérard de Sède. C'est ainsi qu'est publié en 1967 : *L'Or de Rennes*, ce livre culte de l'affaire de Rennes-le-Château. Traduit en plusieurs langues, il s'avère être un grand succès de librairie, tiré à plusieurs centaines de milliers d'exemplaires. L'auteur s'appuye en partie sur cette documentation et sur une copie inédite des parchemins qu'aurait trouvé Bérenger Saunière dans son église, copie fournie par le Prieuré de Sion, tout en greffant ces éléments sur l'histoire de Noël Corbu[72]. Bien qu'immédiatement contesté par des auteurs sérieux, en particulier par M. Descadeillas, historien et érudit régional déjà impliqué dans l'étude du village[73], ce livre a véritablement été le déclencheur de l' « Affaire » et beaucoup de chercheurs lui doivent leur initiation. Cela explique qu'il reste encore l'un des ouvrages de référence pour introduire l'affaire de Rennes-le-Château, bien qu'il soit notoirement sujet à caution.

Ses contradicteurs, nombreux et souvent perspicaces, ayant connu des

---

(71) Sur Eugène Stublein, lire Jarnac P. op. cit.
(72) Ces parchemins sont notoirement faux et dus à Philippe de Cherisey qui déclarait les avoir calqués à partir du dictionnaire de la bible de Vigouroux (Letouze et Ané éditeurs – 1895) en y ajoutant quelques détails de son cru. Comme l'a montré récemment Wieland Wilker, le parchemin original est le codex Bezae. Les rares personnes à les avoir vus confirment qu'il s'agit bien de calques à l'origine.
(73) Descadeillas R. : – *Mythologie du trésor de Rennes, histoire véritable de l'abbé Saunière curé de Rennes-le-Château* – Carcassonne, Mémoire de la Société des Arts et Sciences de Carcassonne années 1971 et 1972.

succès de librairie bien inférieurs, une courte période de réussite s'ouvre pour le Prieuré de Sion qui ne va pas se contenter de documenter le seul Gérard de Sède pour plusieurs livres, mais aussi Louis Vazard[74], Jean-Pierre Deloux et Jacques Brétigny[75], Mathieu Paoli[76] ainsi que quelques autres auteurs. Ces succès de diffusion vont néanmoins avoir des conséquences néfastes pour le groupe de mystificateurs aux idéaux et aux motivations très variées en réalité.

À partir de 1973 les « membres historiques » prirent leurs distances avec ce que devient le Prieuré de Sion sous l'impulsion du mégalomane Pierre Plantard, dont l'esprit résiste mal aux flatteurs qui l'appellent dorénavant *Majesté*. C'est l'inénarrable Jean-Luc Chaumeil, l'homme qui avoue s'être mis a genoux devant son roi, qui, reprenant temporairement ses esprits, publie dans le *Charivari*[77] les archives du Prieuré de Sion, révélant du même coup sa vraie nature au grand public. Quelque temps plus tard, Gérard de Sède prend ses distances pour des raisons de droits d'auteur. Face à la débâcle, Philippe de Cherisey reprend la direction de « l'ordre » et tente de sauver ce qui peut encore l'être avant de rompre, lui aussi, définitivement, avec son proche ami.

Ces ruptures ont une influence majeure sur la production du Prieuré de Sion. Alors que l'effort général arrivait jusqu'alors à maintenir une certaine convergence des actions, les tentatives n'auront plus désormais pour but que de tirer la couverture chacun à soi. C'est ainsi qu'après la brouille avec Gérard de Sède commence à circuler un faux contrat d'édition accordant 65% des droits d'auteur à Pierre Plantard, et seulement 35% à Gérard de Sède, qui aurait simplement servi de prête-nom. En réalité, le contrat original était partagé entre Gérard de Sède pour la plus grosse part, Pierre Plantard et deux autres personnes, Sophie de Sède et Philippe de Cherisey. Le style du livre est tout aussi clairement celui de Gérard de Sède que celui du faux contrat est de la manière de Pierre Plantard.

---

(74) Vazard L. : – *Abrégé de l'histoire des Francs, les gouvernants et rois de France* – Chez l'auteur, 1980. L'auteur procèdera lui-même à la destruction des derniers exemplaires de son livre lorsqu'il sera convaincu de la mystification.
(75) Brétigny J. et Deloux J.P : – *Rennes-le-Château, capitale secrète de l'histoire de France* – Atlas, 1982 ; réédition Pégase, 2006.
(76) Paoli M : - *les dessous d'une ambition politique* – Editeurs associés, 1973.
(77) Chaumeil J.L. : – *Les archives du Prieuré de Sion* – le Charivari, octobre 1973 ; réédition Pégase 2006.

Autre victime, Jean-Luc Chaumeil. Dans une courte notice attribuée à Philippe de Cherisey dont il se réclame depuis des années, il se voit contester la paternité de son ouvrage[78] qui aurait été en réalité écrit *par un érudit nommé Gino Sandri et Jean-Pierre Deloux*. Pour bien comprendre l'humour de la situation, il faut savoir que les relations Chaumeil/Sandri étaient exécrables et que ce dernier, qui est resté fidèle à son maître dans l'esprit et la manière, est à l'origine de ce nouveau faux. Jean-Pierre Deloux nous a confirmé que Jean-Luc Chaumeil était bien le véritable auteur avec des arguments convaincants : *c'est très mal écrit*.

Si les défenseurs du Prieuré de Sion recourent toujours à des méthodes douteuses, leurs adversaires ne sont pas en reste. Pierre Plantard ayant connu sa seconde épouse un peu avant qu'elle ne soit majeure, soit 21 ans à l'époque, il avait rencontré avec ses futurs beaux-parents quelques problèmes que le temps résolut rapidement. Une personne en profita pour faire naître des rumeurs de pédophilie le concernant. C'est cette même personne, proche de Michel Caignet, qui attira l'attention sur le passé de collaborateur, réel pour une fois, de Pierre Plantard. Quand on sait que ledit Caignet représente ce qui se fait probablement de pire en termes de révisionnisme, d'antisémitisme et de pédophilie, on comprend que l'informateur connaissait très bien les retombées de ses accusations. Quoi qu'il en soit et quels que furent ses travers, Pierre Plantard est mort avec un casier judiciaire vierge. Les journalistes qui se complaisaient encore récemment, et avec raison, à dénoncer son passé de collaborateur auraient été franchement surpris de connaître celui de leur informateur.

Ces querelles à géométrie variable auraient pu mener cette histoire de fou à sa fin avec le temps. Mais celle-ci connut un rebond puissant et inattendu en échappant à ses inventeurs, en particulier à cause d'une équipe de journalistes anglais de la BBC, Henry Lincoln, Richard Leigh et Michael Baigent.

M. Lincoln, en vacances en France, prend connaissance de l'affaire de Rennes par l'intermédiaire du livre de Gérard de Sède. Il motive ses collègues et ils réalisent ensemble un premier reportage sur l'affaire, puis d'autres, devant le succès d'audience remporté par le premier. Peu à peu

---

[78] Chaumeil, J.L : – *Le Triangle d'Or, le secret des Templiers* – Alain Lefeuvre, 1979.

naît l'idée d'un livre. Pour réaliser leur travail, les trois auteurs contactent l'auteur de *L'Or de Rennes*, puis, comprenant qu'il a eu accès à des sources « occultes », ils réussissent à le convaincre de reprendre contact avec Pierre Plantard qui, abandonné par ses premiers compagnons mais toujours fidèle à lui-même, saisit l'opportunité offerte de relancer « son » histoire. Au fur et à mesure qu'ils progressent dans leurs travaux de recherche, les journalistes comprennent, lentement mais sûrement, les dessous réels de l'affaire et la personnalité de cet étonnant « grand monarque ». Ils se prennent au jeu et décident d'aller encore plus loin dans le loufoque.

Comme le raconte désormais Henry Lincoln, c'est au cours d'un repas passablement arrosé qu'ils ont l'idée, pour expliquer l'importance séculaire de la pseudo conspiration qu'est censé incarner le Prieuré de Sion, d'inventer LITTERALEMENT une filiation entre les rois mérovingiens et... Jésus-Christ par l'intermédiaire de Marie-Madeleine[79]. Après avoir donné à cette pure invention un habillage qui puisse lui donner les apparences de la vérité et en avoir testé la crédibilité auprès de leur entourage, ils en adoptent l'idée, dépassant ainsi, contre toute attente, l'imagination pourtant débordante de Pierre Plantard. Je connais des passionnés de l'affaire de Rennes, qui connaissent bien les dessous de cette histoire, et qui en rient encore aujourd'hui. Comme dit le proverbe : *Tel est pris qui croyait prendre...*

C'est ainsi qu'est né le second best-seller concernant l'affaire. Les deux livres du trio anglais consacrés à cette histoire, *L'Enigme Sacrée* et *Le Message de l'Enigme Sacrée*[80] connurent à leur tour un grand succès en librairie puisque l'on parle de trois millions d'exemplaires vendus pour les deux tomes. *L'Or de Rennes* avait rendu l'affaire célèbre, le succès des trois auteurs anglais devient mondial avec, en particulier, une très forte influence sur les lecteurs anglo-saxons, qui perdure encore de nos jours et explique la mauvaise compréhension qu'ils ont de l'affaire de Rennes-le-Château.

Le succès ne devait pas s'arrêter là, puisque parmi de très nombreux

---
(79) La légende de la relation Jésus/Marie-Madeleine est attestée depuis plus longtemps. Il semble que les trois auteurs l'aient simplement réinventée.
(80) Titres originaux en anglais : *The Holy Blood and the Holy Grail* et *The Messianic Legacy*.

livres inspirés par *L'Enigme Sacrée* figure le célèbre roman de Dan Brown, *Da Vinci Code*. Avec lui, le mythe du Prieuré de Sion est popularisé auprès de plus de vingt millions de lecteurs dans le monde. C'est désormais un mythe contemporain basé sur une création littéraire autonome qui a définitivement échappé à ses inventeurs, qui n'ont plus aucun rôle dans ses dernières évolutions. Avec cette consécration à l'international, les querelles changent aussi de dimension, puisque Richard Leigh et Michael Baigent, peu soucieux de mémoire, ont tenté un procès pour plagiat à Dan Brown et parallèlement continuent d'écrire des ouvrages de fantaisie sur l'histoire des Templiers. Le troisième britannique, Henry Lincoln, a pris ses distances avec ses deux co-auteurs dès qu'il a pris conscience des excès engendrés par leur œuvre littéraire. Il a rédigé seul *La clé du mystère de Rennes-le-Château*[81] où il raconte son aventure. En août 2002, il a donné une conférence débutant par ces mots : « Je m'excuse... » Personnage sincère et attachant, il est, et a toujours été, particulièrement apprécié de la communauté des amateurs de Rennes-le-Château qui se rendent nombreux aux rares conférences qu'il organise.

Ainsi, l'affaire de Rennes-le-Château, modeste mystère régional au départ, est devenu un mythe contemporain dont la notoriété est mondiale. Initialement, il ne s'agissait que des errements de quelques occultistes en rupture de ban, dont la création rencontra un succès inespéré dans l'imaginaire collectif au point d'échapper totalement à ses concepteurs et de poursuivre aujourd'hui sa lancée sur un mode autonome, qui fera probablement un jour le délice des sociologues.

Actuellement, le Prieuré de Sion a été repris par une poignée de fidèles qui continuent de s'essayer, avec plus ou moins de bonheur mais toujours avec des méthodes douteuses, à perpétuer l'affaire. Il est dirigé par un ancien syndicaliste professionnel au civil, homme savant en sciences occultes mais d'une mythomanie compulsive, qui a passé sa carrière d'occultiste à pénétrer les organisations initiatiques pour s'en faire exclure. Pour l'avoir rencontré, je dois avouer qu'il m'a plus fait penser à une otarie savante se livrant à un numéro de cirque qu'à un de ces hommes providentiels qui incarnent parfois les grands espoirs d'amélioration morale et spirituelle

---

[81] Lincoln, H : – *La clé du mystère de Rennes-le-Château* – Pygmalion, 1998.

de l'Humanité. Il est aidé de sa compagne, artiste peintre, qui aime se présenter comme baronne et partage ses manies d'imagination. Selon leurs derniers travaux, le Prieuré de Sion serait en réalité une fraternité remontant à 1691 et ne serait que la victime innocente d'auteurs peu scrupuleux. Il suffisait d'oser...

Parallèlement se sont créées une dizaine d'autres Prieuré de Sion autoproclamés qui, tentant de profiter de la notoriété qu'a acquise cette marque, sont soumis à de forts risques de dérive sectaire.

À côté de ces développements à l'échelle internationale, il existe encore un certain nombre de personnes qui, soit illuminées, soit tentées par l'aventure, le plus souvent les deux, continuent à produire de faux éléments pour donner un éclairage nouveau au mythe. Certains rédigent de fausses lettres afin de faire croire que la tombe du Christ se situe dans une montagne proche, le mont Cardou. D'autres produisent des maquettes topographiques de contrebande pour vous mener dans un village abandonné des Pyrénées-Orientales où ils sont plus à leur aise pour renouveler leur version du mystère. Des Templiers d'opérette ont racheté une ferme pour en faire leur commanderie pour la France...

Certains créent même de nouveaux éléments sans aucune malice. Un soir de beuverie mémorable, Alain Féral, auteur connu au village, annonça que le secret de la relation entre Bérenger Saunière et Marie Denarnaud était que cette dernière était la fille adultérine du prêtre. Le lendemain, vaguement dégrisé, il venait me voir : *Je ne me souviens plus de ce qui s'est passé hier soir. Je n'ai pas dit trop de bêtises ?* Dix ans plus tard, il arrive que quelques candides reviennent le consulter à ce sujet, ce qui l'amuse toujours beaucoup[82] : *Prouvez moi le contraire !* Une sacrée cuite en vérité !

Ainsi le mythe de Rennes-le-Château continue d'exercer sa séduction sur l'imaginaire de manière autonome. Il permet d'établir des liens avec des sujets très divers comme l'histoire de l'antiquité ou du Moyen-Age, des Templiers ou des Cathares, de la religion, de l'ésotérisme ou de l'art...

---

[82] Cette rumeur fantaisiste fait désormais partie intégrante du Mythe, certains auteurs n'ayant pas hésité à se l'approprier. On peut citer notamment *Rat Scabies and the Holy Grail* de Christopher Dawes (Sceptre, 2005) et *L'Affaire de Rennes-le-Château* par Christian Doumergue (Arqa, 2006).

Certains auteurs ont développé des thèses ingénieuses pour trouver la clé du mystère dans l'œuvre de Jules Verne, de Maurice Leblanc, de Nicolas Poussin. L'affaire de Rennes-le-Château est un mythe agglutinant, c'est l'une de ses propriétés remarquables. Dans l'anarchie des hypothèses formulées, certaines gardent une chance de rencontrer, qui sait, les prochaines faveurs du public.

Néanmoins, ces dérives ne sont pas toutes raisonnables et c'est un problème constant à Rennes-le-Château. Un habitant du village me confiait à ce sujet, il y a déjà quelques années : *À force de vivre ici, on n'y fait plus attention. Mais il suffit qu'on fasse quelques kilomètres et si par malheur on commence à raconter ce qu'on voit ici, c'est nous qui passons pour des fous.* Il est exact que les débordements sont nombreux et ont parfois à voir avec la psychiatrie lourde, ce qui vaut désormais au village de Rennes-le-Château le triste surnom d'*Esoteric Park*.

Il est temps de revenir à la réalité des faits.

Chapitre 5

La véritable vie de l'abbé Saunière

Les faits sont têtus[83]

---
[83] Vladimir Ilitch Oulianov dit Lénine.

Ainsi, l'affaire de Rennes-le-Château telle qu'elle est connue du grand public a subi d'importantes modifications, dont certaines totalement déraisonnables.

Pourtant, une visite suffit pour se convaincre de l'étrangeté de la situation des réalisations de l'abbé Saunière au sein du village. L'église qui date du IXème siècle a été effectivement intégralement restaurée par l'abbé Saunière, non seulement dans un style homogène, mais surtout sans rien laisser paraître de son décor original, créant un effet auquel aucun visiteur ne peut échapper. De même, le domaine qui se dresse au sommet n'a rien de commun avec le petit village qu'il domine tant par la position que par le style ou le luxe de l'époque.

En étudiant la genèse de l'affaire de Rennes-le-Château, on en arriverait rapidement à la conclusion qu'absolument rien n'est authentique dans cette histoire. Et pourtant, l'abbé Saunière a bel et bien existé, vécu sur un train de vie largement supérieur à ses moyens. Ses réalisations témoignent encore de nos jours de ses fastes posant par là une étrange énigme : l'abbé a-t-il réellement trouvé un trésor ?

Les auteurs sérieux, car il y en a aussi, rappelons-le, même si leurs succès littéraires sont plus confidentiels, s'accordent tous sur le fait que les sommes dépensées par le prêtre durant sa vie dépassent, et de loin, ses revenus officiels. Pour certains, le prêtre se serait livré à de sombres trafics. L'abbé aurait-il été un escroc ?

Passionné par cette affaire depuis de nombreuses années et bénéficiant d'une modeste réputation de par mon site Internet, c'est au cours des recherches que je menais aux Archives Départementales de l'Aude que l'on me signala, profitant de l'attente dans laquelle j'étais d'un énième registre paroissial, un document qui pouvait éventuellement m'intéresser dans un fonds de réserve. Le type même de fonds que personne ne consulte jamais préférant s'intéresser en priorité aux originaux classés. Profitant de cet instant de répit, j'allais consulter, à tout hasard, le descriptif : *carnets de correspondance active et passive du curé de Rennes-le-Château 1896-1915*[84]. Je renvoyais le vieux registre poussiéreux qui venait d'arriver : ma journée

---

(84) Cote aux archives départementales de l'Aude : 1Mi81/1 et 1Mi81/2.

de recherche venait de prendre une toute autre tournure[85].

Ce microfilm contient, outre un descriptif des échanges épistolaires de Bérenger Saunière, sa comptabilité détaillée pour les années 1897 à 1915, un document inespéré pour quelqu'un qui cherchait l'origine de ses ressources.

À la mort de l'abbé Saunière, Marie Denarnaud conserva l'intégralité de ses biens, y compris ses papiers personnels, courriers et carnets. Ceux-ci entrèrent en possession de la famille Corbu qui laissa un certain nombre de chercheurs les consulter dont René Descadeillas. Lorsque la famille Corbu revendît le domaine à M. Henri Buthion qui souhaitait continuer l'activité hôtelière, il fut convenu qu'on lui laissait en dépôt ces documents qui intéressaient sa clientèle. Il est de notoriété publique que, dans des conditions diverses mais rarement avouables, un certain nombre de personnes acquirent alors une partie de cette documentation qui fût ainsi soustraite à la curiosité de l'ensemble des chercheurs.

C'est l'un d'eux, qui avait pris possession des 820 pages de ces différents carnets en 1978, dans des conditions qu'il n'a pas souhaité éclaircir, qui en avait déposé une copie microfilmée aux archives départementales en 1981. Celle-ci était passée totalement inaperçue depuis des années à l'exception de l'inépuisable Pierre Jarnac avec lequel je pris alors contact. Il avait lui-même découvert ces microfilms trois ans auparavant, mais d'autres projets en cours ne lui laissaient pas le loisir de s'attaquer de façon satisfaisante à cette masse documentaire et il m'encouragea à le faire.

La première question à résoudre est celle de leur authenticité car c'est la première question qu'il convient de se poser depuis quelques années à Rennes-le-Château. Dans le cas de ces documents, la réponse est assez simple : ils coïncident parfaitement avec d'autres documents connus mais aussi avec certains documents inédits qui ne pouvaient pas être connus par d'éventuels faussaires. D'autre part les 820 pages sont manifestement de l'écriture de l'abbé Saunière, suivant les modifications connues de son écriture dans le temps et les renseignements portés permettent des recoupements vérifiables par ailleurs. Les avis sont donc unanimes : d'une

---

(85) J'en profite pour adresser mes remerciements au personnel des archives départementales de l'Aude dont la compétence, le professionnalisme et la qualité de l'accueil ont grandement contribué à l'agrément de ces recherches.

part un certain nombre d'auteurs parmi les plus crédibles valident leur authenticité[86] et d'autre part, personne à ce jour n'a sérieusement mis leur authenticité en cause. Il n'y a donc aucun doute sur l'origine de ces documents.

Pour l'essentiel, il s'agit de relevés mensuels de comptabilité, de carnets de correspondances expédiées et reçues par l'abbé durant la période 1896 à 1915 et de quelques feuillets divers. Ce type de documents n'a rien d'exceptionnel pour l'époque : les banques n'expédiaient pas alors de relevés mensuels et chacun tenait directement ses comptes. De même, les personnes qui avaient quelques affaires à gérer tenaient à jour des carnets des correspondances reçues et expédiées, on en trouve encore régulièrement dans les papiers de nos arrière-grands-parents. L'abbé Saunière était simplement un homme consciencieux et instruit.

La comptabilité comporte les revenus durant la période qui s'étend de 1897 à 1915 avec en vis-à-vis les dépenses jusqu'en 1910 seulement. Les crédits comme les débits sont renseignés quant à leur origine ou leur destination. L'abbé Saunière reportait le solde du mois précédent en tête de colonne, y ajoutait ses revenus du mois, soustrayait ses dépenses et avait son nouveau solde disponible à la fin du mois, qu'il ne restait plus qu'à reporter au début du mois suivant. Cette méthode a son importance car elle ne laisse pas apparaître le total des revenus de chaque mois qui vont nous réserver quelques surprises. Il restait en possession de la famille Corbu-Captier les années qui s'étendent de 1894 à 1897 qu'ils ont bien voulu me communiquer pour compléter cette étude.

Les carnets de correspondance se composent de listes comprenant le nom de l'expéditeur ou du destinataire mis en vis-à-vis avec la lettre R pour reçu ou E pour expédié, suivi d'un court descriptif du courrier sur la demi-ligne restante. Ils font le lien avec un carnet qui était connu par ailleurs et avait été publié quelques années plus tôt[87].

Les éléments restants sont composés d'une liste d'environs 400 livres de lecture essentiellement profanes, d'un répertoire de centaines de chansonnettes de l'époque et de quelques collages d'extraits de journaux dont

---

[86] Pierre Jarnac, Claire Corbu, Antoine Captier, Jean-Jacques Bedu, Patrick Mensior ont entre autre émis des avis favorables concernant cette authenticité.
[87] Jarnac, P : – *Carnet de correspondance 1915-1917* – édité par l'auteur, 1997.

l'abbé avait l'habitude. Parallèlement, j'ai pu entrer en possession de la photocopie d'un autre carnet de l'abbé Saunière actuellement exposé au musée municipal et des principales éditions faites en fac-similé de documents déjà connus à l'époque.

L'ensemble fournit une masse inespérée de renseignements sur la vie quotidienne du prêtre. Mis bout à bout, ils éclairent la réalité des faits de l'époque et aident à comprendre comment l'abbé Saunière put arriver effectivement à ses réalisations. Néanmoins, précisons ici deux des limites de ce travail.

La première tient au fait que, contrairement à d'autres, je n'ai pas de vérités révélées à faire valoir. Ce livre ne prétend donc pas apporter une solution définitive à toutes les questions concernant le prêtre de Rennes-le-Château ni être à l'origine d'une nouvelle théorie. Il s'agit simplement de faire progresser l'affaire en mettant en évidence un certain nombre de faits vérifiables et de discuter de façon contradictoire les questions qu'ils posent. Les amateurs d'imaginaire prêt à consommer trouveront sans difficulté la satisfaction de leurs appétences dans d'autres ouvrages.

La seconde tient à l'étendue du sujet. Pour un esprit curieux, chaque découverte est comme un pas dans une longue marche. Il en appelle un suivant. Néanmoins il arrive un moment où il a fallu rendre compte du chemin parcouru dans un ouvrage accessible. Si les éléments livrés ici ne prétendent pas à l'exhaustivité, ils m'ont néanmoins semblé présenter un intérêt suffisant. J'ai concentré mon étude sur la vie de Bérenger Saunière et ses relations avec les principaux éléments de sa légende selon un choix forcément personnel. En contrepartie, j'ai mis à la disposition des chercheurs mes sources documentaires afin qu'ils puissent se livrer, eux-aussi, à leurs propres travaux s'ils le souhaitent.

Les principaux éléments mis à jour nous montrent d'emblée une histoire assez différente de celles admises à ce jour. C'est une des plus étonnantes constatations de cette étude : en dépit des livres qui lui ont été consacrés, l'affaire est en réalité assez mal connue. Si l'on retrouve le décor et certains personnages, la véritable vie de l'abbé se montre bien différente de la légende.

Chapitre 6

La belle époque

Il faut penser à remettre l'église au milieu du village[88].

---

(88) Proverbe.

Bérenger Saunière est né en 1852. Ses premières années se déroulent sous le Second Empire, période de stabilité politique et de prospérité économique. Mais en 1870, la défaite de la France face à l'Allemagne et la chute de Napoléon III vont amener une rupture radicale. Sur la scène internationale, le pays est encore une grande puissance qui se bâtit un empire colonial en concurrence avec le Royaume-Uni mais à l'intérieur s'instaure la division.

L'opinion publique se partage alors en deux camps opposés qui vont s'affronter dans ce que l'on appelle : *La guerre des deux Frances.*

D'un côté, les républicains, laïques, progressistes, héritiers de la révolution française. Ils professent une confiance absolue dans le progrès, perceptible dans les romans de Jules Verne et dont Ernest Renan dit : *Il ne faut jamais s'effrayer de la marche de la science, puisqu'il est sûr qu'elle ne mènera qu'à découvrir d'incomparables beautés*[89]. Les plus sociaux œuvrent pour l'amélioration des conditions morales et spirituelles du pays en misant leurs efforts sur l'instruction publique, la liberté d'association, l'autorisation des syndicats ouvriers et la liberté de la presse.

De l'autre, le parti monarchiste, profondément catholique, conservateur, dont les blessures de la révolution sont toujours sensibles, ravivées par la récente Commune de Paris. Si certains restent sourds au sens du vent de l'histoire, sombrant dans un anti-modernisme rétrograde et un catholicisme obtus, la majorité finit par se rapprocher de la République suite aux encycliques successives du Pape Léon XIII qui demandait aux catholiques *d'accepter la constitution pour changer la législation* et prônait alors une doctrine sociale. Dans cette optique, il est intéressant de noter qu'à cette époque où le salaire minimum d'un ouvrier n'était pas garanti, entraînant des abus notables, l'abbé Saunière payait non seulement ses ouvriers à la convention, mais en plus leur offrait le repas. Pourtant si l'abbé est attaché à la doctrine de son Pape, il restera irréconciliable à vie avec la République qui l'avait déjà privé de traitement durant ces périodes en attendant d'autres déconvenues sévères. L'époque n'était pas simple à penser et à vivre pour les personnes de ce bord.

Les deux factions vont s'affronter jusqu'à la Première Guerre Mondiale

---

[89] Renan, E : – *L'Avenir de la Science, pensées de 1848* – Paris, Calmann-Levy, 1890.

qui imposera *L'Union Sacrée* entre elles contre l'Allemagne honnie.

C'est dans ce contexte propre à 1870 que va s'installer, presque par erreur, la Troisième République. À l'issue des élections du 8 février 1871, les Français élisent à l'Assemblée environ 180 républicains contre 400 monarchistes. Thiers, ancien ministre de Louis-Philippe est désigné à 73 ans : *Chef du pouvoir exécutif [...] en attendant qu'il soit statué sur les institutions définitives*. Pourtant la République va réussir à se pérenniser en particulier grâce aux erreurs et aux divisions de ses adversaires, même si elle est alors constamment attaquée, notamment pour son attitude vis-à-vis de la religion catholique, de l'enseignement et à cause des différents scandales politico-financiers qui émaillent déjà l'institution.

Comme on le sait par ses prêches de 1885, Bérenger Saunière, prêtre catholique, appartient au parti royaliste, plus particulièrement légitimiste, c'est-à-dire celui des partisans du comte de Chambord qui, contrairement aux légitimistes partisans de la branche aînée des Bourbons, refusent tout ralliement à la République. Parmi les dons attestés qu'il reçoit, on note en 1885 un don de mille francs[90] de la part de la comtesse de Chambord dont l'attention avait dû être opportunément attirée sur ce prêtre qui venait d'être sanctionné pour ses prises de position.

C'est justement à partir de ces élections de 1885 que la République naissante va connaître une période de crises importantes : en 1887, le président Grévy est obligé de démissionner car son gendre est accusé d'avoir fait commerce de décorations. En 1889, c'est le scandale de Panama qui touche à la fois la presse, les milieux financiers et politiques qui sont accusés d'avoir ruiné de nombreux petits épargnants par une entente sur la liquidation de la compagnie en charge de la construction du canal du Panama. Ces scandales à répétition doublés d'une crise économique contribuent à la monté d'un antiparlementarisme qui amène le général Boulanger à deux doigts du coup d'état. Finalement ce dernier sera obligé de fuir à Londres puis à Bruxelles[91].

Parallèlement à ces évènements, les années 1890 sont les années de

---

(90) La méprise concernant le don de la comtesse de Chambord provient du procès auquel Bérenger Saunière aura à faire face en 1910. Sommé de préciser ses revenus, il déclare un don de 3 000 francs alors qu'en réalité il avait été de 1 000 francs.
(91) Il eut une mort d'un romantisme assez rare chez un politique pour mériter d'être citée : il se suicida sur la tombe de sa maîtresse le 30 septembre 1891.

la terreur anarchiste. Les attentats réguliers, spectaculaires et meurtriers, sèment un trouble dans l'esprit public comparable à ceux attribués à Al Quaïda de nos jours dont ils partagent en outre le caractère international. Le 24 juin 1894, c'est le Président de la République Française Sadi Carnot qui est assassiné à Lyon ; le 10 septembre 1898 c'est Élisabeth de Wittelsbach, plus connue sous son surnom de *Sissi Impératrice,* qui est exécutée en Suisse.

En 1899, le pouvoir passe au Bloc des Gauches qui va ouvrir une période de stabilité politique. Mais la médaille a un revers pour le parti opposé : l'unité s'est faite autour de l'anticléricalisme. D'abord, l'Etat s'attaque aux congrégations religieuses puis, en 1904, la France rompt les relations diplomatiques avec le Vatican qui est par ailleurs dans une situation délicate au plan international. Fin 1905, c'est la séparation de l'Eglise et de l'Etat qui abolit le concordat de 1801. Cette dernière loi provoque une agitation importante dans la France entière, certaines églises étant ouvertes de force par les pouvoirs publics pour la réalisation de l'inventaire des biens. Quelques édifices religieux voient alors leurs frontons ornés de la formule : *Propriété communale, Liberté, Egalité, Fraternité !* La modernité est en marche.

Durant cette période, Bérenger Saunière se montre effectivement un homme de caractère et s'engage dans la lutte. En 1897, il s'associe à un mouvement national qui refuse la présentation des comptes de Fabrique[92] et porte l'affaire jusqu'au conseil d'Etat. Il fait parvenir une pétition à ce sujet à Monsieur Dujardin-Beaumetz[93], ministre d'alors, enfant du pays. En 1905, il se refuse à signer l'inventaire de saisie de son église qu'il venait de luxueusement restaurer de ses propres deniers. Ne doutons pas que ce dernier affront fût particulièrement mal vécu par le prêtre.

Bérenger Saunière fait pourtant très rarement allusion à l'actualité. C'est à peine si on trouve une mention du décès du général Boulanger dont il partageait les aspirations à un régime fort. Il n'aborde jamais les grandes affaires qui défrayèrent la chronique de l'époque comme l'incendie du Bazar de la Charité, le naufrage du Titanic ou l'affaire Dreyfus.

---

(92) Le conseil de Fabrique était attaché à une paroisse et servait à gérer ses intérêts matériels. Ils furent abolis en 1905.
(93) Le 31 mai 1899. Il s'agit de l'unique courrier échangé entre ces deux personnes.

Pourtant, l'abbé de Rennes-le-Château se tient informé de l'actualité par le biais d'une presse dont il est grand consommateur. Il est en particulier abonné à *L'Illustration*, *Le Petit Journal*, *Je Sais Tout*, *Musica*, *Historia* et, ça ne s'invente pas, à *Fermes et Châteaux*. Outre ses propres lectures, il s'abonne aussi pour le plaisir de ses proches : *Fémina* pour Marie et réclame avec insistance chaque numéro qui ne lui est pas parvenu[94]. S'il est parfaitement informé sur de nombreux sujets, ses préoccupations demeurent pratiques et centrées sur son univers. Lorsque le 1er Août 1914 la France décrète la mobilisation générale, l'abbé Saunière approvisionne son café et commande des lapins. Pourtant la nouvelle ne le laissera pas indifférent puisqu'il correspondra régulièrement avec des soldats qu'il connaît personnellement, leur envoyant des sommes d'argent parfois importantes pour les soutenir.

Mais si le prêtre de Rennes-le-Château suit la marche du monde avec une indifférence sélective, il est le témoin des évolutions économiques et sociales de son époque. La seconde révolution industrielle va considérablement modifier l'offre de biens en même temps que les progrès de la science permettent une amélioration importante des conditions de vie. Le taux d'urbanisation passe de 31% en 1870 à 44% en 1910 amorçant le déclin des campagnes auquel n'échappe pas le village de Rennes-le-Château. Parallèlement, une politique agricole volontariste et l'utilisation des engrais chimiques vont notablement augmenter la productivité[95].

En quelques années Bérenger Saunière, dont la manie de la pierre est doublée d'un solide appétit terrien, devient avec les Denarnaud le plus gros propriétaire du village. Il procède à la plantation de vignes selon la méthode de l'époque qui consistait à planter dans des trous profonds creusés à l'explosif. Cette activité viticole qu'il partage avec son frère lui vaudront de sévères déconvenues lors de la crise agricole de 1907 et l'abbé participera aux manifestations populaires d'Espéraza qui sont restées ancrées

---

(94) Outre ces abonnements qui furent assez réguliers sur plusieurs années, l'abbé fut aussi abonné à *La Semaine Religieuse de Carcassonne*, *La Croix*, *Le Pèlerin*, *La Semaine de Suzette*, *La Vie au Grand Air*, *Les Causeries*, *Rions*, *Lectures pour tous*, *La Veillée des Chaumières*, *La Vie Illustrée*.
(95) La consommation d'engrais chimique fut multipliée par six entre 1886 et 1913, permettant des gains de rendement de 40%. C'était l'une des conditions incontournables pour permettre l'urbanisation du pays. L'abbé recourt régulièrement à la « *bouillie* » pour ses propres cultures.

dans la mémoire du pays.

Les paysans © Octonovo

Mais cette période est surtout remarquable par l'essor d'un nouveau milieu social, la moyenne bourgeoisie, qui vers 1900 représente 5 à 6 millions de personnes. Ce groupe bénéficie de la prospérité économique et impose son style de vie auquel adhère Bérenger Saunière en rupture avec son environnement rural immédiat, chez lequel persistent des archaïsmes profonds. Alors que ses voisins vont acheter leurs costumes du dimanche à Limoux, l'abbé commande ses soutanes à Clermont-Ferrand. Alors qu'il habite le pays du cassoulet, il passe effectivement ses commandes de haricots à Lille. À cette époque, le facteur procède à deux tournées par jour et, curieusement, le courrier met rarement plus de vingt-quatre heures à circuler d'un bout à l'autre de la France. Les objets encombrants circulent tout aussi facilement par le train et sont mis en dépôt à la gare de Couiza en attendant qu'Hyppolite ne vienne les chercher du Carla avec sa voiture attelée afin de les livrer là-haut[96]. Les catalogues de vente par correspon-

---

[96] Il existait une sorte d'abonnement entre les deux hommes. Durant des années, particulièrement celles des gros travaux, Bérenger Saunière versera tous les mois 100F à Hyppolite en échange de ses services réguliers. Le Carla est une ferme des alentours de Rennes-le-Château.

dance lui permettent de faire venir en quantité des biens de consommation traditionnellement inconnus au village. Il s'agit là d'un élément important, car plus que la situation de fortune réelle du prêtre, c'est la différence qui existe entre ses réalisations, son mode de vie et celles du reste du village, typiques du monde rural du sud-ouest de l'époque, qui frappe le plus l'imagination[97].

Effectivement, le monde était en train de changer radicalement. À l'époque, ce qui coûtait le plus cher à un ménage, c'était de se nourrir, puis de se vêtir[98]. À titre indicatif, le salaire mensuel de prêtre de Bérenger Saunière était de 75F et un ouvrier était censé gagner 40F. Le pain valait 0,40F le kilo, la viande environ 2,50F, le beurre 3F et un costume ordinaire 50F[99]. En offrant le repas aux ouvriers qui travaillaient pour lui, l'abbé s'oblige à des factures de frais de bouche importantes et certaines d'entre elles atteindront plusieurs centaines de francs pour six mois de pain, de boucherie ou d'épicerie.

Rue de Couiza © Octonovo

---

(97) L'abbé Saunière passera régulièrement des commandes par correspondance au Printemps, à La Samaritaine, Aux Classes Laborieuses, et plus rarement Au Bon Marché, au Grand Magasin du Louvre, au Grand Dépôt Bourgeois, ainsi qu'à une multitude de petits commerçants qui s'étaient mis à la vente par correspondance lui permettant de se fournir très largement, depuis son rasoir jusqu'aux papiers peints de sa maison.
(98) De nos jours, les premiers postes de dépense sont : se loger, la modernité (voiture, électroménager, informatique…), se nourrir, se vêtir.
(99) Par exemple Bérenger Saunière paie un manteau 80F (1902), une soutane 32F (1900) et 100F (1907), son permis de chasse 28F (1906). Ses factures de nourriture peuvent parfois être impressionnantes comme celle de boulangerie du 4 janvier 1904 : 545F.

Bérenger Saunière est donc avant tout un homme de son époque. Son comportement est en accord avec les convictions qu'il affiche, et celles-ci le sont avec son état de prêtre catholique. L'homme, instruit et entreprenant, a du caractère et n'hésite pas à s'engager pour sa cause. Il est exigeant comme le démontre le soin apporté à la restauration de son église qui représente souvent ce qui se faisait de mieux à l'époque. Il est d'ailleurs plus exigeant pour sa foi que pour lui-même, car on le voit faire de petites concessions sur certaines des réalisations qu'il se destinait en propre.

S'il a l'esprit curieux, s'il s'intéresse à l'histoire, se passionne pour les arts, en particulier la musique, cela reste en dilettante et sans spéculation occulte. Il trouve ses joies à table, dans des chansonnettes oubliées, dans des lectures sans prétention, à tenir sa collection de cartes postales et, bien entendu, dans ce qui fût la grande manie de l'époque, la pierre qui l'amena à édifier différentes réalisations[100]. S'il négocie régulièrement ses factures et leurs échéances[101], s'il gère ses affaires avec un soin maniaque, il demeure capable de générosité.

Bon gré mal gré, il suit les principales mutations de son époque dont la principale qui va l'amener à adopter un mode de vie en rupture avec son environnement immédiat. Néanmoins il garde une attitude, qui, si elle peut sembler aujourd'hui le témoin d'un esprit sévère et rigide, est typique de son époque et de son milieu d'origine[102]. D'ailleurs, ses collections d'histoires drôles qu'il prélevait au hasard de ses lectures, même si elles ont mal vieilli, montrent qu'il ne se privait pas de rire[103].

Il témoigne d'un horizon intellectuel un peu restreint mais reste fidèle à ceux qu'il connaît personnellement. Réciproquement, ses principaux amis seront fidèles à vie. Ses relations avec les habitants du village sont variables. Certains le défendent fermement lorsqu'il commence à avoir des pro-

---

(100) Il s'agissait effectivement d'une manie assez commune à l'époque. Comme me le confiait un historien : « *si on devait raser tout ce qui a été édifié au XIXème siècle, c'est la moitié de la France qui tomberait par terre* ».
(101) Certain ont pris ces négociations pour preuve que l'abbé avait pu avoir des périodes difficiles et des dettes. De 1894 à sa mort il n'aura en réalité aucun souci mais avait visiblement gardé le sens de la valeur des choses.
(102) Il convient d'insister sur ce point. Beaucoup des intentions qui lui sont prêtées ne tiennent pas compte de l'extraordinaire changement des mentalités survenu depuis un siècle.
(103) Pour l'anecdote il se rendit au cirque à Carcassonne en avril 1902 : peut-être rirait-il de bon cœur de son aventure posthume ?

blèmes avec sa hiérarchie alors que d'autres, plusieurs décennies plus tard, lui conservent de la rancune. Trente ans après sa mort, une de ses paroissiennes déclare encore au journaliste du *Soir Illustré*, à propos du diable bénitier à l'entrée de l'église : *c'est l'ancien curé qui a été transformé en Diable*. L'abbé n'avait pas que des amis. La jalousie n'affecte d'ailleurs pas que certains éléments du village. Il reçoit à l'occasion des lettres d'insultes anonymes qu'il note consciencieusement dans ses carnets : *anonyme d'un fumiste, lettre épatante !* ou bien *anonyme de Bugarach, conseil au sujet de l'argent*[104]. Car c'est bien là le motif de tous ses soucis.

---

[104] Carnet de correspondance : 22 mars 1902 et 30 novembre 1908.

Chapitre 7

Les comptes de l'abbé Saunière

Le curé est fou des messes[105]

---

(105) Contrepèterie.

Avant d'être devenu une icône, l'abbé Saunière fut un être de chair et de sang vivant au sein d'un environnement bien réel. Son carnet de correspondance nous renseigne avec régularité sur ses activités et laisse apparaître la principale d'entre elles : l'acquisition de messes.

Le processus est peu ou prou toujours le même : l'abbé expédie une lettre de *demande de messes* grâce à laquelle il obtient, avec un taux de transformation tout à fait remarquable, un *envoi de messes* qui est accompagné du mandat postal qui sert de règlement, auquel il répond par un *accusé de réception*[106]. Ces trois lettre-types occupent plus de vingt mille lignes sur les trente mille que décrivent les carnets de correspondance, soit les deux tiers de son activité épistolaire pourtant conséquente par ailleurs.

Il n'y a donc aucun doute sur la source des revenus dont disposait Bérenger Saunière : pour l'essentiel ils proviennent de messes à dire. C'est ce qu'avait déjà mis en évidence René Descadeillas dès 1968 puis 1974, suivi quelques années plus tard par Jean-Jacques Bedu[107]. Seule une analyse approfondie de sa comptabilité va montrer des éléments inconnus de ces auteurs, éléments tout à fait remarquables par ailleurs.

Mis à part le règlement de ces messes, l'abbé dispose de son propre salaire jusqu'en 1909 et de dons effectués directement, le plus souvent par Barthélémy ou Guillaume Denarnaud. De 1894 à 1915, sa comptabilité laisse apparaître, tous revenus confondus, un actif d'environ 220 000 francs.

Il est assez difficile de rendre compte de l'équivalence d'une telle somme de nos jours (cf annexe 6). Comme nous l'avons vu, le prix des choses a évolué différemment. Si se nourrir était cher, se loger était relativement bon marché : une maison coûtait généralement entre 1 500 et 2 500 francs. Certains éléments pouvaient avoir des valeurs surprenantes au regard d'une conversion rapide. À cette époque où la mécanisation n'était pas encore générale, un âne de bat valait 500 francs et un animal de trait comme un bœuf 800 francs.

Il existe une méthode qui consiste à calculer l'indice d'inflation cumulé

---

[106] Les formules varient peu selon les circonstances et laissent toujours apparaître le même système.
[107] Bedu, J.J : – *Rennes-le-Château, Autopsie d'un mythe* – Loubatières, 1990.

donné par l'INSEE. Selon cette méthode, un franc-or[108] 1900 vaut 2,79 € actuels. Si cette méthode peut sembler avoir pour elle la rigueur mathématique, elle présente le défaut de ne pas être intelligible. À l'époque de Bérenger Saunière, une coupe de cheveux valait 30 centimes soit une correspondance à moins de 1€. Une maison serait valorisée selon cette méthode à environ 5 000 €.

L'expérience m'a conduit à adopter en général un indice multiplicateur de 15. Cette méthode garde pour elle les avantages de la simplicité tout en étant plus réaliste. Elle est néanmoins arbitraire, au sens premier du terme et il convient de garder ses limites à l'esprit.

Autre élément d'appréciation possible : l'abbé récolta en moyenne 915 francs par mois, multipliant ainsi son salaire normal par plus de 12 (salaire qu'il cessa d'ailleurs de percevoir en 1909). Ainsi, sans atteindre les sommets que certains lui prêtent, la situation de fortune de l'abbé Saunière était tout à fait confortable[109]. Ces revenus ne sont pas homogènes dans le temps, variant de 5 970,90 (année 1911) à 25 004,70 (année 1901).

Les revenus annuels de l'abbé Saunière			
(francs or par année – (p) = année partielle - nombre de mois manquants)			
1895 (p-6)	3 438,75	1906	11 487,16
1896 (p-4)	5 405,05	1907	11 300,00
1897	5 919,65	1908	12 096,05
1898	12 557,15	1909 (p-1)	10 553,65
1899	13 200,00	1910	7 632,80
1900	15 600,00	1911	5 970,90
1901	25 004,70	1912	6 082,85
1902	13 819,05	1913	7 259,20
1903	14 579,85	1914	8 473,40
1904	11 093,55	1915 (p-1)	6 277,90
1905	14 655,90		

---

(108) La définition du franc date de Napoléon (7 germinal an 11/27 mars 1803) : 5 grammes d'argent au titre de 9/10ème de fin (90% d'argent pur). Seule la pièce de 20 francs était réellement en or. Le nom de Franc-Or, appellation communément utilisée, provient du système de garantie qui reposait sur les stocks d'or de la Banque de France, 0,290 grammes pour un franc selon l'équivalence de l'époque. Ce système, dit « franc germinal », prendra fin à cause des besoins en or créés par la Première Guerre Mondiale et sera remplacé par un franc dévalué, le « franc Poincaré ». À l'époque de l'abbé Saunière, il s'agit donc de Francs-Or. Voir Valance, G : - *Histoire du Franc, 1360-2002* – Flammarion, 1996.

(109) Ah ! Si seulement mon éditeur avait le pouvoir de multiplier mes droits d'auteur par 12 ! Ne doutons pas qu'il passerait à la postérité comme un mécène tout à fait remarquable...

Les sommes perçues permettront à Bérenger Saunière de faire face à toutes ses dépenses. Il existe même durant les années 1900 et 1901 un important reliquat qui permettra la constitution d'une rente de 20 000 F auprès de la Caisse d'Epargne. Les seules difficultés financières que l'abbé connaîtra seront liées à la construction de la villa Béthanie. L'abbé y fera face très simplement, en prélevant 5 000 F sur cette rente[110], la ramenant à 15 000F, valeur qu'elle conservera jusqu'à sa mort. L'abbé n'eut donc jamais de réelles difficultés financières.

Les messes perçues pour de tels revenus n'ont clairement pu être prononcées. Leur prix était généralement de 1 franc à 1,50 francs, les sommes acquises en représentent plusieurs dizaines de milliers. Il existe encore quelques feuillets d'un carnet sur lequel Bérenger Saunière notait ses messes, à dire et dites[111]. Celui-ci montre qu'il les regroupait généralement par trois, conformément à ses obligations qui lui interdisaient d'en dire davantage chaque jour. Le 9 janvier 1893 il note *j'arrête là*, puis les messes à dire ne seront plus honorées. Sans aucun doute, le prêtre était alors en tort du strict point de vue du droit ecclésiastique.

Ses dépenses ne sont connues que jusqu'à juin 1910, avec des carences évidentes sur les derniers mois. Elles représentent un total d'environ 159 000 francs pour des revenus voisins de 182 000 francs durant la période correspondante, la différence étant essentiellement due à la constitution de sa rente.

Cette comptabilité regroupe l'ensemble des dépenses de l'abbé Saunière sans séparer ce qui relève de ses constructions, de son train de vie et de son ministère. On y trouve mélangées les factures de chaux et ciments, de soutanes, de nourriture et les notes pour ses hosties.

Les sommes qu'il se réserva pour son usage personnel représentent un peu moins de la moitié de ses dépenses, en moyenne 420 francs soit dix fois le salaire d'un ouvrier : l'abbé pouvait bien se montrer généreux. Les frais d'alimentation représentent plus de 22 000 francs essentiellement en épicerie, boulangerie et boucherie, la boisson plus de 6 500 francs, l'habillement environ 5 500 francs.

---

(110) En mars 1905, il note dans sa comptabilité : « *pris 5 000 sur les 20 000* ».
(111) Fonds Corbu-Captier, relevé des messes.

Un poste dont l'analyse se montre particulièrement intéressante est celui de ses lectures. Il existe de nombreuses légendes sur la bibliothèque de l'abbé Saunière qui aurait renfermé les ouvrages occultes les plus rares et les plus chers, rachetés par un mystérieux libraire lyonnais dès son décès en 1917. En réalité plus de 90% des sommes dépensées le furent en journaux qu'il fît relier à domicile par un dénommé Barret en 1908. Consulté, un relieur au fait des usages de l'époque a bien voulu apporter quelques compléments à cette étude. Cette période correspond à la fin de l'âge d'or de la profession où exerçaient des ateliers regroupant plusieurs dizaines d'ouvriers spécialisés et le fait de faire relier à domicile par un ouvrier unique était une solution d'économie. Malgré tout, dans de telles conditions, relier des journaux revenait plus cher que leur achat et, effectivement, les sommes réglées à M. Barret furent légèrement supérieures à celles consacrées à ses différents abonnements. La bibliothèque de l'abbé Saunière était donc probablement constituée de magazines reliés dont il reste quelques volumes en possession de la famille Corbu-Captier qui, à l'inverse, ne possède aucun élément concernant le fantomatique libraire lyonnais. Le reste de ses lectures, pour ce qu'on en voit, était composé d'ouvrages religieux ou profanes tout à fait ordinaires pour l'époque[112]. On le voit même en 1908 commander un ouvrage à la Librairie anti-juive de Paris[113] au risque de ruiner tous les efforts des doctes occultistes actuels qui essaient régulièrement de nous expliquer l'influence de la kabbale hébraïque sur la symbolique qu'aurait employée l'abbé Saunière !

Si l'abbé vit très correctement de ses ressources, il consacre plus de la moitié de ses dépenses à ses réalisations prises au sens large : église,

---

(112) Tous types d'ouvrages confondus, les librairies où l'abbé s'adresse, sont : Alquier (Carcassonne), Blériot (Paris), Bonnafous (Carcassonne), Bonne Presse (Paris), Calmann-Lévy (Paris), Dodier (Nantes), Fasquelle (Paris), Gally (Carcassonne), Gautier (Paris), Hachette et Cie (Paris), Laffite (Paris), Lethilleux (Paris), Librairie anti-juive (Paris), Masson (Lyon), Alfred Mame (Tours), Méric (Limoux), Oudin (Paris), R. Roger et F. Chernoviz (Paris), Renaissance (Paris), Tallandier (Paris), Vives (Paris).
(113) Carnet de correspondance : 5 avril et 9 avril 1908. L'ouvrage s'intitulait *Chèquards, pochards, mouchards*. On retrouve des traces de cet antisémitisme dans ses prêches à Antugnac où il fait allusion au *peuple déicide*. Cette position idéologique est à remettre dans le contexte de l'époque où les milieux conservateurs étaient généralement antisémites et anti-dreyfusards. C'est ainsi qu'en 1902, le journal *La Croix* se prétendait être « le journal le plus antisémite de France ».

presbytère, domaine depuis les plans de l'architecte[114], les fournitures, les salaires, et la décoration jusqu'à l'ameublement.

La réalisation du domaine à elle seule coûta environ 65 000 francs entre 1899 et 1907. Ces frais de construction sont impressionnants pour l'époque. Il est vrai que sur cette somme, près de 15 000 francs soit presque le quart, a été consacré aux frais de transport des différents matériaux. La construction de ce domaine à Rennes-le-Château, village isolé en haut d'une colline fût le fruit d'un effort obstiné mais aussi le fruit d'un échec. Avant de se lancer dans cette réalisation, l'abbé eut des contacts pour acquérir des biens dans d'autres communes, en particulier avec M. Royer de Bizanet[115]. Ce n'est qu'après l'échec de ces négociations que Bérenger Saunière se décida à réaliser son projet à Rennes-le-Château.

Ce projet et ce train de vie étaient financés par des envois de messes qui, contre les habitudes de l'époque en la matière, lui provenait de toute la France posant par là la question des motivations de ses donateurs et de l'organisation du réseau exploité par l'abbé Saunière.

---

[114] Certains chercheurs auraient souhaité consulter ces plans de construction. Selon mes recherches, ils étaient en possession des descendants de la famille Bot et furent détruits par un dégât des eaux accidentel dans les années 1970.
[115] Carnets de correspondance, 1er mai, 2 mai, 8 juin et 10 juin 1899.

Chapitre 8

Le réseau de financement de l'abbé Saunière

On ne peut ruiner que celui qui fut riche et l'on ne peut tromper que celui qu'on aima...[116]

---
[116] Francis Blanche, *Mon oursin et moi*.

L'annonce de la redécouverte des carnets de l'abbé Saunière fût l'occasion de remarques pour le moins surprenantes de la part de certaines personnes. Selon leur conviction, l'abbé, tenu au secret le plus strict, n'aurait pu se livrer à aucune révélation dans des carnets devenus désormais publics. Il n'y avait donc aucun intérêt les consulter.

Pourtant, leur étude attentive est à l'origine de découvertes particulièrement surprenantes puisqu'elle met en évidence les particularités de son réseau de financement[117], réseau d'une efficacité et d'une organisation tout à fait remarquable.

Il existe deux périodes distinctes dans la comptabilité de l'abbé Saunière. L'analyse des revenus montre qu'avant 1899, les revenus des messes proviennent de son environnement immédiat, les donateurs étant identifiés par leurs noms. À partir de cette date, et de manière systématique en 1900, les donateurs sont identifiés par leur ville. Il apparaît alors clairement que les dons proviennent de la France entière et même, pour certains, de l'étranger.

Dans un premier temps, l'abbé Saunière procède par ce que l'on appellerait de nos jours du marketing relationnel. En 1895, ses demandes sont faites auprès de personnes de connaissance dont il sollicite la générosité. Puis, quelques-unes se montrant plus généreuses que d'autres, il affine sa cible et on observe simultanément une augmentation de ses revenus. Parmi ses principaux mécènes, des prêtres et quelques proches : Guillaume et Barthélémy Denarnaud, Cazal, Cavailhe (Coursan), Gazel (Floure), Sarda (Aumônier). Les intentions de messes proviennent essentiellement de l'Aude, sinon du Sud-Ouest. Celles-ci lui arrivent de façon proportionnée à ses demandes.

Fin 1898, Bérenger Saunière se met en quête d'un annuaire du clergé auprès des librairies Alfred Mame et fils de Tours, Hachette et Bonne Presse à Paris[118]. Il obtient ce qu'il cherche vers mars 1899 et se met alors à démarcher un certain nombre de prêtres, de congrégations et d'œuvres

---

(117) Le réseau de financement de l'abbé Saunière est défini ainsi : ensemble des personnes apparaissant comme donateurs dans ses carnets de comptabilité. La question qui se pose est celle de son éventuelle structuration.
(118) Carnet de correspondance, 30 décembre 1898. Il commence par se renseigner sur les caractéristiques des annuaires disponibles et c'est chez Mame et fils qu'il obtiendra ce qu'il recherche.

sur la France entière. Comme l'a mis en évidence Jérôme Choloux (Flamadin)[119], il procède avec méthode, abordant dans l'ordre les départements français. Il opère cependant une sélection et ne démarche pas tous les membres du clergé proposés par l'annuaire.

Trois analyses successives permettent de mettre en évidence le fonctionnement du réseau de financement de l'abbé Saunière puis de cerner le lien qui unit ceux qui y participent.

La première analyse consiste à établir les revenus mensuels du prêtre de Rennes-le-Château. Comme nous l'avons vu, celui-ci avait adopté un procédé comptable qui ne laisse pas apparaître le total de ses revenus mensuels mais seulement le solde disponible suivant le schéma suivant :

Solde du mois précédent	1 000,00	Report	1 060,00
De X	10	A Durand	15
De Y	20	A Dupont	20
De Z	30		
Total	1 060,00	Solde fin de mois	1 025,00

Selon cet exemple, l'abbé a gagné 60 francs et en a dépensé 35, données qui n'apparaissent pas directement

À l'aide d'un tableur informatique, il est aisé de recomposer les revenus mensuels de l'abbé. Ceux-ci étaient relativement aléatoires les premières années, comme en 1898, puis, son changement de mode de financement s'est traduit par une régularité surprenante, au centime près, durant les années 1899 et 1900, avant de reprendre à nouveau un rythme mensuel aléatoire dès 1901.

Calcul des revenus mensuels de l'abbé entre 1898 et 1901

Année 1898	Revenus	Dépenses
Janvier	1 019,70	1 054,50
Février	1 325,00	990,95
Mars	1 007,00	1 124,05

---

(119) Voir notamment *Les Actes du Colloque d'Etudes et de Recherches sur Rennes-le-Château*, édition 2005, Œil du Sphinx.

Avril	936,40	683,20
Mai	773,35	684,60
Juin	613,85	593,05
Juillet	1 044,45	726,10
Août	818,45	579,55
Septembre	1 255,60	1 121,20
Octobre	900,95	876,50
Novembre	962,40	847,90
Décembre	1 200,00	1 095,95

Année 1899	Revenus	Dépenses
Janvier	1 100,00	383,40
Février	1 100,00	627,00
Mars	1 100,00	798,35
Avril	1 100,00	752,60
Mai	1 100,00	799,00
Juin	1 100,00	891,65
Juillet	1 100,00	1 064,25
Août	1 100,00	672,25
Septembre	1 100,00	1 070,70
Octobre	1 100,00	1 003,25
Novembre	1 100,00	1 175,70
Décembre	1 100,00	558,90

Année 1900	Revenus	Dépenses
Janvier	1 100,00	458,35
Février	1 100,00	376,70
Mars	1 100,00	105,25
Avril	1 100,00	537,70
Mai	1 100,00	568,40
Juin	1 100,00	576,70
Juillet	1 200,00	532,80
Août	1 300,00	491,00
Septembre	1 400,00	489,55
Octobre	1 500,00	397,20

Novembre	1 600,00	479,65
Décembre	2 000,00	227,00

Année 1901	Revenus	Dépenses
Janvier	2 000,15	993,85
Février	2 350,00	157,15
Mars	1 929,10	44,30
Avril	2 927,45	919,90
Mai	2 598,65	705,80
Juin	1 716,85	1 313,50
Juillet	1 539,60	3 228,70
Août	2 251,15	1 530,70
Septembre	1 553,90	1 663,00
Octobre	1 631,40	3 131,55
Novembre	2 755,00	2 391,85
Décembre	1 751,45	988,25

Le même phénomène des revenus sensiblement réguliers va se reproduire en 1907[120], puis l'on retrouve, de moindre volume cependant, de janvier 1910 jusqu'à la fin du carnet, en 1915.

Année 1912	Revenus
Janvier	500,00
Février	500,00
Mars	511,80
Avril	506,00
Mai	505,00
Juin	507,00
Juillet	509,80
Août	501,00
Septembre	506,80
Octobre	517,65
Novembre	510,00
Décembre	507,80

---

[120] Pour une somme de 1 000 francs par mois sauf décembre, 300 francs.

Selon cette première analyse, il est évident que l'abbé Saunière jouait avec sa comptabilité de façon à obtenir des totaux ronds. Quels que soient ses talents d'organisateur, il ne pouvait pas obtenir une telle précision dans ses revenus mensuels[121] qui ne dépendaient alors pas exclusivement des messes. Néanmoins cette impression de planification est renforcée par la périodicité quasi métronomique avec laquelle certains donateurs expédient leurs messes à dire ainsi que par les dates auxquelles interviennent les changements vis-à-vis de la régularité des comptes, généralement en début de nouvelle année.

La seconde analyse porte sur la corrélation entre les *demandes de messes*, les *envois des messes* et les *accusés de réception*. Il s'agit ici de comparer le nombre de courriers par genre et de comparer les courbes obtenues.

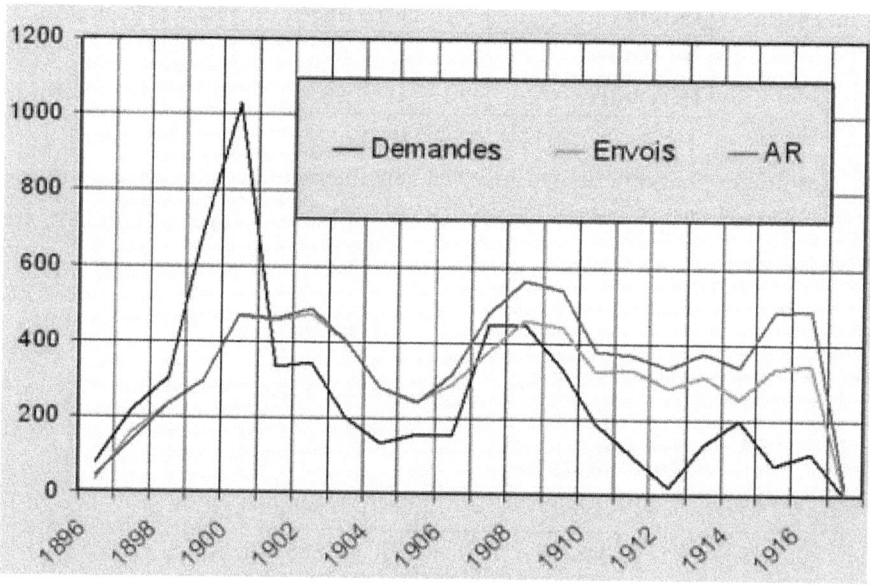

Au cours des années 1896 à 1917, on constate une corrélation quasi parfaite entre les *envois de messes* et les *accusés de réception*. L'écart qui s'instaure à partir de 1906 provient essentiellement du fait que l'abbé Sau-

---

(121) Les années « régulières » sont : 1899 (1 100 francs), 1900 (1 100 francs puis évolution de 100 par mois), 1907 (1 000 francs), 1910 (environ 600 francs) 1911 et 1912 (environ 500 francs), 1913 (environ 600 francs) 1914 (environ 700 francs), 1915 (environ 600 francs).

nière s'est mis à collectionner les cartes postales[122] et qu'il utilise indifféremment la seconde formule pour accuser réception des deux éléments.

Carte postale de la villa Béthanie © Octonovo

L'élément le plus surprenant concerne les variations qui existent entre ses demandes et les envois. Avant 1898, ces données étaient strictement corrélées. Durant les années 1899 et 1900, les demandes de messes sont très supérieures aux envois. A priori la mise en place du nouveau réseau de donateurs se serait faite au détriment de l'efficacité habituelle en attendant de trouver les bons correspondants. À partir de 1902, l'abbé reçoit plus de messes qu'il n'en demande, ce qui prouve l'existence d'accords et explique la régularité des dons en provenance de certains de ses mécènes.

Du marketing avant l'heure ! Un fichier ou un réseau de donateurs réguliers que l'abbé aurait ensuite habilement exploité à moindre coût ! Le système de financement mis en place au niveau national à partir de mi-1899 diffère donc bien du système régional initial.

Et la troisième analyse précise la portée de cette réalité. On considère alors la corrélation existant entre les revenus de l'abbé Saunière, les messes

---

[122] L'abbé joint souvent à ses demandes de messes des demandes de cartes postales. Sa collection finira par atteindre plusieurs dizaines de milliers d'exemplaires et causera indirectement sa perte comme nous le verrons.

demandées et reçues suivant le même procédé de comptage annuel[123].

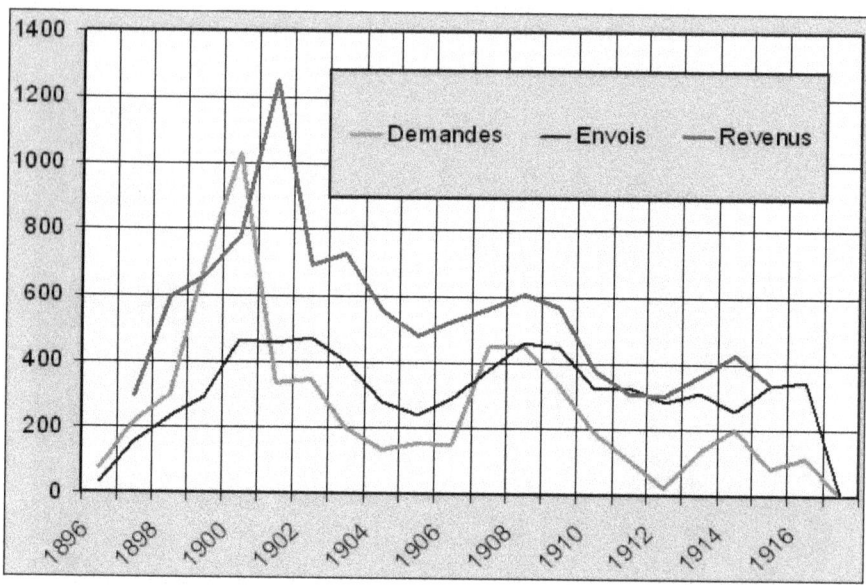

C'est à cette occasion que l'on découvre le pot aux roses : vers 1900 ses revenus ne sont pas corrélés aux *envois*, c'est-à-dire aux fonds récoltés pour dire des messes, qu'il perçoit par la poste... mais à ses demandes. De l'argent lui parvient donc quand il le demande avec une régularité tout à fait remarquable par d'autres voies que la poste. Ce dernier fait est vérifié dans son carnet de correspondance[124].

À ces époques, l'abbé Saunière, comme ses homologues effectue une retraite spirituelle annuelle. Pour des prêtres qui vivent séparés toute l'année, chacun dans sa paroisse, il s'agit d'une occasion de joindre l'utile à

---

(123) Pour faire apparaître sur un même graphique la courbe des revenus de l'abbé Saunière (en francs) et celle de ses demandes de messes (en nombre de courriers), les valeurs de la première courbe ont été divisées par 20, le montant moyen des mandats perçus étant d'environ 25 francs. Selon une étude de Martina Ottavi menée à partir des carnets de comptabilité, l'abbé Saunière aurait perçu 203 fois 25F, 1 078 fois 50F, 8 fois 75F, 519 fois 100F, 17 fois 150F, 13 fois 200F, 35 fois 225F, 1 fois 250F, 1 fois 300F, soit essentiellement des multiples de 25F. L'unité semble donc avoir été le mois de messe à une messe par jour hors dimanche.
(124) Bérenger Saunière enregistre des refus qu'il notifie généralement dans ses carnets par : *n'a pas de messes* ou *n'a plus de messes*. Le taux en est extrêmement faible. Comme rien ne garantit que les personnes qui refusent ses propositions lui écrivent systématiquement, cet argument est justifié par la forte corrélation entre demandes et revenus.

l'agréable et de se rencontrer de visu. Aussi, chacune de ces retraites est précédée d'un échange de courriers afin de se mettre d'accord sur les dates. Les 16 et 17 septembre 1898, il expédie dix lettres on ne peut plus claires à des confrères : *Apporter des messes à la retraite.* Or fin 1898, nous sommes chronologiquement à la mise en place du nouveau système de financement de l'abbé.

Les trois analyses menées mettent alors clairement en évidence l'existence d'une organisation dont les propriétés étaient jusque-là inconnues : le réseau de financement de l'abbé Saunière semble structuré.

Mises en regard des informations portées dans les carnets, ces différentes caractéristiques permettent d'en dresser le profil :

 - Il s'agit d'un réseau national avec quelques implantations ou membres à l'étranger[125].

 - Il est d'inspiration nettement catholique et regroupe des prêtres, peut-être en association avec des laïcs[126], comme une confrérie, une pieuse union, une société de dévotion…

 - Les contacts épistolaires se doublent de rencontres physiques qui permettent d'assurer la circulation de sommes d'argent hors des réseaux visibles tels que les mandats postaux.

 - Ce réseau décide d'accorder son soutien financier[127] par intermittence mais durant des périodes régulières, selon des accords probablement fixés au préalable.

 - Son efficacité et sa discipline sont attestées par un taux de réponses favorables aux demandes exprimées proprement sidérant puisque l'abbé fait face à moins de 5% de refus.

---

(125) Concernant l'étranger, on note essentiellement des dons en provenance de Sœur Marie Alexina (The Tower, Londres), Julienne Jaixen (Gand, Belgique), Famille Di Robilant (Robella, Italie).
(126) Une grande proportion des dons que Bérenger Saunière reçoit de particuliers provient de villes où il était aussi en relation avec des ecclésiastiques, prêtres, congrégations, écoles, hospices…
(127) Les années régulières permettent le financement de la villa Béthanie puis constituent, à partir des années 1910, les seuls subsides de l'abbé Saunière alors en procès avec son autorité.

Quel pourrait donc être ce réseau national structuré, ouvert sur l'Europe, de personnes d'obédience catholique qui se réunissent pour décider de programmes d'aides régionales et qui assurent la distribution discrète des soutiens financiers correspondants ?

Chapitre 9

Les financiers de l'abbé Saunière : les hypothèses

On reconnaît un arbre à ses fruits[128]

---

[128] Proverbe.

Bérenger Saunière a donc apparemment eu recours à un réseau de financement organisé. Celui-ci lui permit la réalisation de la villa Béthanie, du domaine et plus généralement, de vivre nettement au-dessus de ses moyens. Si son profil apparaît clairement, son identification formelle s'avère difficile.

En ce climat de *guerre des deux Frances*, le parti réactionnaire fît preuve d'une activité de dévotion très intense et se regroupa autour de sa religion. Le nombre de religieux à cette époque fut le plus important de toute l'histoire de France et les associations pouvant correspondre à celles que nous cherchons sont légion.

Les carnets de correspondance comme les carnets de comptabilité n'apportent pas d'éléments d'évidence à ce sujet. Par contre celui qui est actuellement exposé au musée livrait une première piste à étudier : Bérenger Saunière avait songé procéder à la création d'une confrérie du Sacré-Cœur à Rennes-le-Château.

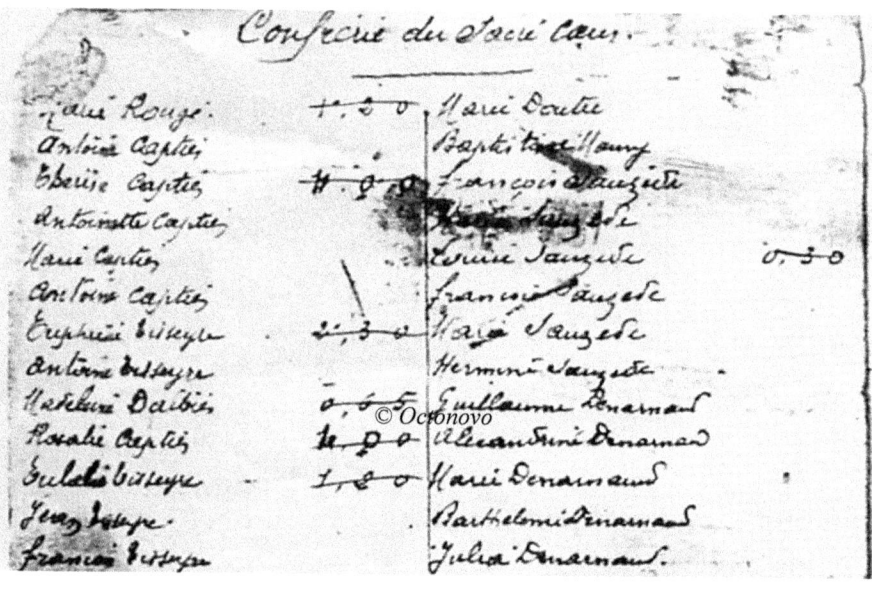

La spiritualité du Cœur de Jésus s'enracine dans les textes bibliques et patristiques, (*j'ôterai de ta chair ce cœur de pierre et je te donnerai un cœur de chair*)[129]. Mais c'est au cours du *Grand Siècle* avec Pierre de Bérulle et St François de Sales (fondateur de la Visitation) qu'elle va

---
[129] Ezéchiel XXXVI, 26.

connaître une croissance en réponse au rationalisme cartésien.

Marguerite-Marie Alacoque puisera ses sources théologiques chez les grands spirituels de son temps et pour la première fois en donnera une dimension publique.

Au XIXème siècle la dévotion au Sacré-Cœur bénéficiera d'un regain de popularité et deviendra l'emblème des milieux conservateurs qui se l'approprieront et en feront un symbole contre-révolutionnaire. C'est ainsi que le député légitimiste Belcastel, au lendemain de la défaite de 1870, consacrera la France au Sacré-Cœur par un serment solennel à Paray-le-Monial en signe de réparation. La même année une loi fut votée pour l'édification de la basilique du Sacré-Cœur qui fût réalisée de 1876 à 1910 sur la butte Montmartre[130]. On pouvait s'associer à cette dévotion de différentes manières, soit par des actions individuelles, soit de façon collective au sein de confréries regroupées en plusieurs archiconfréries.

La première archiconfrérie se trouvait à Paray-le-Monial, lieu d'importance pour les ésotéristes chrétiens, en particulier Paul Le Cour dont se recommandait Pierre Plantard. Il convenait de préciser la question d'un éventuel lien entre l'activité de Bérenger Saunière et celle du documentaliste fantasque de Gérard de Sède. Depuis la fin du XVIIème siècle, l'archiconfrérie de Paray-le-Monial agrégea plus de neuf mille confréries toutes portées sur un registre[131] qui ne laisse aucun doute : l'abbé Saunière n'était pas en relation avec celle-ci. Néanmoins, vu le volume de la production mythomaniaque de l'inventeur du Prieuré de Sion, ne doutons pas qu'un jour la chance finira par lui sourire.

La seconde se trouvait au Sacré-Cœur de Paris[132]. Malheureusement, celle-ci regroupa plus de douze mille confréries en quelques années ce qui posa un problème d'archivage conséquent. En l'occurrence, les archives pour le diocèse de Carcassonne sont empilées en vrac et je n'ai pu y retrouver la trace de l'adhésion de la paroisse de Rennes-le-Château. Néanmoins,

---

(130) Celle-ci devait alors être le monument le plus haut de Paris. Aussi le cahier des charges de Gustave Eiffel prévoyait-il que sa tour devrait être plus haute, ce qu'il réalisa. Dans l'esprit de l'époque, il s'agissait d'affirmer symboliquement que la république restait plus « haute » que la religion.
(131) Les archives de cette archiconfrérie se trouvent au couvent des sœurs de la Visitation à Paray-le-Monial.
(132) Les archives de cette archiconfrérie se trouvent aux archives de l'archevêché de Paris.

on trouve trace dans les carnets de correspondance de différents échanges concernant des messes et aussi de l'achat de la statue miraculeuse de l'enfant Jésus de Prague actuellement exposée au musée du village[133]. D'autre part, il existe un registre des prêtres *apôtres du Sacré-Cœur*[134] portant cent vingt noms pour le diocèse de Carcassonne. À défaut d'y retrouver Bérenger Saunière, on y retrouve un proche : Louis Gazel et surtout un bon nombre de ses financiers d'avant 1899 : Joseph Gontharet, Jean Bénazeth, Prosper Mario, Jules Molinier… Détail intéressant : presque tous sont portés au registre en octobre 1907 avec des numéros d'ordre se suivant preuve de leur adhésion commune[135]. Dans cette perspective, l'abbé Saunière ne changea pas de réseau en 1899 mais passa d'une sollicitation régionale à nationale.

Si cette identification peut sembler séduisante, elle a néanmoins ses limites. Sur une liste de cent vingt prêtres apôtres du Sacré-Cœur, il est statistiquement normal de retrouver quelques-uns des nombreux donateurs de l'abbé Saunière. A contrario, tous ne sont pas portés sur le registre : Sarda, At, Cros, Théron… Surtout, deux noms apparaissent sur ce registre comme totalement contraires à cette identification : Henri Alexandre Marty, curé de Couiza[136], et J. Rivière, curé d'Espéraza[137]. Ces deux hommes ont eu un rôle non négligeable dans la chute du curé de Rennes-le-Château. Dans cette perspective, si l'abbé Saunière s'est appuyé sur le mouvement du Sacré-Cœur pour obtenir ses messes, ses pratiques ne lui auraient pas valu que des amis.

Bérenger Saunière était très clairement attaché au Sacré-Cœur. La villa Béthanie est surmontée d'une statue du Christ montrant son cœur, les vitraux au-dessus de la porte d'entrée aussi, la porte d'entrée de son presbytère était surmontée d'un Sacré-Cœur en terre cuite[138]… Avec la dévotion

---

(133) Carnet de correspondance : 23 février, 28 février 1906. On trouve aussi des demandes de photographies et de maquettes de la basilique.
(134) Il s'agit d'une activité apostolique rattachée à la dévotion au Sacré-Cœur de Jésus qui débuta en novembre 1901. C'est l'un des nombreux aspects que put prendre celle-ci.
(135) Ce sont trente-sept prêtres qui seront inscrits en même temps sur le registre avec les numéros d'ordre 2633 à 2369.
(136) Inscrit le 6 juillet 1903, numéro 842.
(137) Inscrit en octobre 1907 numéro 2654.
(138) Aujourd'hui volé. À l'inverse celui qui surmonte le porche de l'église est un ajout récent lié à sa restauration.

Rennes-le-Château, une affaire paradoxale

au Pape et à la Vierge Marie, il s'agissait des pratiques les plus courantes de l'époque. D'ailleurs, dans ses prêches à Antugnac, Bérenger Saunière témoigne clairement de sa dévotion à la Vierge Marie et apparaît encore une fois comme un prêtre typique de son époque et de son milieu. En l'état, la piste de la confrérie du Sacré-Cœur n'est qu'une hypothèse de travail.

Contacté pour savoir s'il possédait des éléments à ce sujet, Antoine Captier mit à ma disposition des courriers de prêtres proches de Bérenger Saunière qui ornaient leurs signatures de symboles identiques : une croix, cinq points pour symboliser les cinq plaies du Christ et les lettres S.C. qui peuvent correspondre à Sacré-Cœur[139].

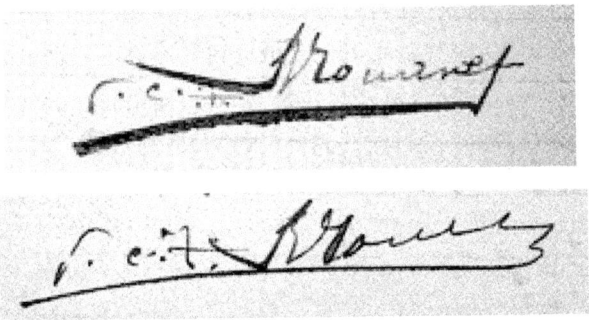

Cependant Gérard Galtier voulu bien attirer mon attention sur une autre signification qui pouvait être envisagée pour les lettres S.C. : *Sodalitum Christi*[140], littéralement, amicale ou fraternité du Christ. L'archiviste de l'archevêché de Paris me signala que ce type d'ajout sur les signatures de prêtres était assez courant à ces époques mais que leur signification exacte s'était perdue. À défaut, on les tient généralement pour le signe de l'adhésion à une pieuse union, un type d'association de prêtre visant à leur perfectionnement et répondant bien à cette notion de sodalité. Si leur organisation était généralement diocésaine, elle pouvait être nationale ou internationale. La plus célèbre fût la pieuse union Jean-Marie Viannet qui réunit six cents prêtres à Paris vers cette époque. Néanmoins d'autres sont connues pour avoir été victimes de dérives particulières, peu en rapport avec leur objet initial, comme la *Sodalitium Pianum*[141].

---

(139) Une autre de ces signatures porte les lettres J.M.J., Jésus, Marie, Joseph.
(140) Certain ont adopté différentes déclinaisons latines qui n'en modifient pas fondamentalement le sens.
(141) La *Sodalitium Pianum*, aussi connue sous le nom de Sapinière, est une association de ce type qui, à la veille de la Première Guerre Mondiale, se transforma purement et simple-

Un tel type d'organisation envisagée au plan national correspondrait mieux, en terme d'effectif, à celle qui apparaît dans l'analyse des donateurs de l'abbé. D'autre part, elle semble mieux représentée dans l'environnement immédiat du prêtre puisque ces signatures sont celles de ses plus proches et plus fidèles amis ecclésiastiques Mais cette identification a elle aussi ses limites. Aucune signature connue de Bérenger Saunière ne porte ce type de signes. D'autre part, aucune identification d'une pieuse union particulière n'est possible. Là aussi il ne peut s'agir que d'une hypothèse de travail.

Quelques recherches ont été entreprises concernant les donateurs, essentiellement les congrégations religieuses qui connaissent souvent bien leur propre histoire[142]. Le résultat fut toujours peu ou prou le même : l'étonnement. Si les correspondants de l'abbé existaient effectivement, les messes données l'étaient généralement sur le diocèse d'origine et il était tout à fait étonnant qu'un prêtre parfois très éloigné géographiquement puisse obtenir de telles intentions avec une telle régularité sur de telles périodes. Aucun élément permettant d'identifier le lien entre ces donateurs n'est apparu. Si la structuration du réseau de financement auquel eut recours l'abbé Saunière me semble clairement établie, son identification reste un mystère.

Néanmoins, une partie au moins de ses motivations apparaît par l'emploi que Bérenger Saunière fait des sommes encaissées : une maison de retraite pour les prêtres âgés. Effectivement, ni l'abbé Saunière ni Marie Denarnaud par la suite n'habiteront jamais la villa Béthanie, restant logés au presbytère. La villa, comme le domaine, n'était pas une réalisation qu'ils se destinaient en propre[143].

Une première remarque concerne son statut : l'évêché n'avait saisi son prêtre d'aucune demande en la matière et, selon le droit canonique, ses comptes pour de telles réalisations au bénéfice du diocèse auraient dû être

---

ment en réseau de renseignement au bénéfice du cardinal Umberto Begnini jusqu'à ce que le contre-espionnage français y mette bon ordre. On pense qu'elle regroupait 400 prêtres essentiellement dans le Nord de la France.

(142) L'abbé Saunière s'adressait généralement à l'hospitalier ou à l'hospitalière de ces congrégations, démarche tout à fait classique dans ce contexte.

(143) Ils en avaient néanmoins l'usage dont ils se servaient pour certaines réceptions ou tout simplement pour la production des jardins.

tenus par le conseil de Fabrique ce qui n'est pas le cas. Manifestement les prêtres âgés qui devaient y prendre leur retraite n'étaient pas ceux du diocèse mais ceux de l'association qui l'avait financé.

Les dons les plus importants, et les premiers à faire preuve de régularité, concernent la période des gros travaux du domaine et de la constitution de la rente des 20 000 francs. Or cette rente présente plusieurs particularités. La première est d'être limitée : si l'abbé Saunière est un escroc, le propre de cette profession étant de ne pas savoir s'arrêter, pourquoi 20 000 francs ? Dans le même ordre d'idée, lorsqu'en mars 1905 l'abbé est confronté à un problème de solde disponible à l'occasion des travaux et la ramène à 15 000 francs en y prélevant 5 000 francs, pourquoi ne pas relancer ses donateurs pour la reconstituer alors que plusieurs années se sont écoulées ? Il semble que son montant n'ait pas pu être révisé.

La deuxième est d'être constituée concomitamment à la première période régulière, lorsque l'abbé acquiert les fonds qui vont servir à la réalisation du domaine. C'est à partir de janvier 1899 que le solde en fin de mois va subir une inflation importante, passant de 3 727,37 francs en décembre 1898 à 20 199,15 francs en février 1901. L'abbé prélèvera ces 20 000 francs au moment où les dons redeviennent aléatoires. La constitution de cette rente est donc liée au phénomène de régularité. Mon sentiment est qu'elle accompagnait la maison de retraite, probablement pour en assurer l'entretien.

La troisième va nous ramener à l'année 1907 et à la seconde période de régularité des dons. La première période correspond au début du financement du domaine, la troisième aux difficultés de l'abbé à partir de 1911, mais la seconde ne correspond à aucun événement particulier en première analyse. Il s'agit pourtant d'une année cruciale dans ce contexte. Tout d'abord, cette rente de 15 000 francs produit un intérêt de 3% qui n'est d'abord pas pris en compte dans les revenus : il n'apparaîtra qu'en décembre 1907[144]. Auparavant, soit l'abbé n'en comptabilise pas le bénéfice, soit celui-ci n'est pas à son profit.

L'année 1907 est aussi une année dans la continuité de celle de 1905 qui avait vu naître la loi sur la séparation de l'Eglise et de l'Etat. Or s'il est généralement admis que cette loi fût anticipée par les deux parties, elle

---

(144) Elle est versée trimestriellement pour un montant de 112,50 francs. Elle sera régulièrement comptabilisée par la suite.

ne naquit pas totalement en 1905 et fût complétée par différents compléments les années suivantes. Le 12 mars 1906, à l'occasion de l'inventaire des biens de l'église, l'abbé Saunière avait vu le fruit de ses récents travaux devenir propriété de la République sans la moindre indemnisation. Ne doutons pas qu'il le vécût mal : il refusa d'en signer le procès-verbal qui dût être signé par Rivière, le curé doyen d'Espéraza. Un an plus tard, alors que l'abbé Saunière choisit le papier peint et le mobilier pour la villa, se posait la question de la protection de ces nouveaux biens ecclésiastiques dont le statut n'avait pas encore été abordé. En 1907, si la villa avait été déclarée comme maison de retraite ecclésiastique, elle risquait d'évidence de devenir propriété de la République dans les mêmes conditions que l'église l'année précédente, sans aucune indemnisation. À cette idée, l'abbé dût passer du blanc au rouge ! En premier lieu, toutes ces constructions avaient été réalisées au nom de Marie Denarnaud. Dans l'esprit, il s'agit probablement de prévenir la saisie des biens du prêtre par l'emploi d'un prête-nom laïc de confiance. Ensuite, la villa Béthanie n'a jamais été officiellement déclarée comme maison de retraite ecclésiastique. C'était là de très sages précautions car leurs craintes se réalisèrent effectivement : la loi qui régit le statut de ce type d'établissement fût votée le 13 avril 1908 et parut dès le lendemain au *Journal Officiel*[145]. La maison de retraite ecclésiastique fût bel et bien réalisée sous la menace d'une saisie républicaine.

C'est dans la crainte de cette éventualité, selon mon interprétation, que l'abbé de Rennes-le-Château va se voir confier le domaine. Bérenger Saunière et Marie Denarnaud vont réaliser leurs premiers testaments s'instituant chacun le légataire universel des biens de l'autre : les terrains et la maison pour Marie, la rente et les liquidités pour Bérenger Saunière, le tout au dernier vivant. Un accord supplémentaire interviendrait avec les financiers et l'année 1907 fut une année régulière. Enfin le fruit de la rente d'entretien de la maison serait accordé à l'abbé qui la comptabilise alors dans ses revenus. La luxueuse maison reste inhabitée en attendant des jours meilleurs pour les prêtres.

Dans cette optique, Marie Denarnaud reste la gardienne du projet à la mort de l'abbé. Bien qu'elle soit devenue pauvre, qu'elle ait de réelles

---

[145] Elle complète la loi du 9 décembre 1905 à laquelle elle a été intégrée depuis.

difficultés à faire face à ses impositions sur ces biens, elle ne vendra pas l'immobilier, fidèle à sa phrase : *A aquo ni tusti ! : À ça, je n'y touche pas !* qui prend un tout autre sens dans ce contexte. Malgré toutes ses difficultés, elle fera face à des situations pour le moins curieuses. Comme lui écrit une de ses amies : *Pour le curé de Belvis, qu'est-ce qui lui a piqué de vouloir s'implanter chez toi avec un ou deux autres prêtres. En définitive ces gens là s'imaginent que tu tiens restaurant. Ils viennent tranquillement, sans motif. Pourquoi ?*[146] Parce que le curé de Belvis fait partie des financiers de cette maison de retraite et que justement, il vient de prendre la sienne. Néanmoins, vu les difficultés financières de Marie, il ne put rester.

Après la Première, la Seconde Guerre Mondiale va à nouveau voir le monde changer radicalement. Tous les protagonistes de cette aventure étant probablement décédés ou à défaut, passés à autre chose, Marie vieillissante et ruinée verra frapper à sa porte Noël Corbu. Les jours meilleurs n'étaient jamais venus...

La contradiction de cette dernière hypothèse parait assez difficile. Il existe des documents où la villa Béthanie est désignée sous le nom de *Villa de Marie* qui peuvent laisser supposer que cette réalisation lui était destinée dès le départ. Mais outre qu'elle n'en fît jamais usage personnellement, qu'elle se refusa à la vendre alors que son imposition immobilière la ruinait, *Villa de Marie* est un nom parfaitement envisageable pour une maison de retraite ecclésiastique. La tour Magdala devait au début s'appeler *tour de l'horloge* ou *tour du midi*, preuve que la dénomination de ces réalisations put connaître des changements[147]. D'autre part, l'auteur de la lettre qui s'étonne de la présence du curé de Belvis est l'abbé Rouanet, un proche de l'abbé Saunière dont on peut s'étonner de l'ignorance. Mais c'est un fait constant que ces proches semblent totalement ignorer la réalité des manœuvres du prêtre de Rennes-le-Château, plusieurs de leurs courriers en témoignent.

Néanmoins d'un pur point de vue méthodologique, ces éléments peuvent relever d'un hasard de concordance des dates et d'une libre interprétation de l'auteur. Tant que ce réseau financier n'aura pas été clairement établi, ses motivations éclairées par des éléments factuels, il ne peut s'agir

---

(146) Corbu, C. et Captier, A. : – *L'Héritage de l'abbé Saunière* – Nice, Bélisane, 1985.
(147) Fonds Corbu-Captier, relevés des travaux de la tour.

que de conjectures.

Comme, à Rennes-le-Château certains ont l'imagination facile, il convient de préciser que ce n'est pas parce que l'on n'a pas d'information sur un groupe que celui-ci correspond à une société secrète, a fortiori une société secrète initiatique. Au contraire, un point commun semble apparaître : la maison de retraite n'a pas été déclarée au conseil de Fabrique comme cela aurait dû être le cas, le réseau ne s'est pas fait connaître à l'autorité ecclésiastique qui aurait dû en assurer le contrôle. Lors du procès fait à Bérenger Saunière pour trafic de messes, les revenus seront à nouveau réguliers, assurés par des intentions de messes même en l'absence de demandes et ce malgré les interdictions qui sont faites à l'abbé en la matière et les avertissements dûment publiés[148]. Cette société semble agir à cette époque en marge de son autorité régulière, voire en opposition. Si l'on se réfère à ce que l'on sait des opinions de Bérenger Saunière et de la position politique de cette autorité à l'époque *accepter la constitution pour changer la législation*, nous sommes bien plus probablement à la recherche d'un mouvement *ultra* tendance royaliste.

---

[148] En 1912, le nombre de demandes de messes envoyées par l'abbé Saunière est quasiment nul, pour les années 1910, 1911, 1913 relativement faible par rapport aux années précédentes.

Chapitre 10

Le procès

Jeu de mains, jeu de vilains[149]

---
(149) Mes parents et probablement les vôtres.

Quels que furent les moyens employés par Bérenger Saunière pour obtenir des messes, ils finirent par lui valoir de sérieux ennuis avec sa hiérarchie. Cet épisode important de sa vie a été plutôt bien documentée à partir du dossier conservé aux archives de l'évêché de Carcassonne et des différents courriers échangés entre les deux parties encore en possession de la famille Captier-Corbu. Pourtant, les carnets de correspondance laissent apparaître un certain nombre d'éléments de compréhension tout à fait nouveaux.

Pour le prêtre de Rennes-le-Château, les ennuis commencent le 16 janvier 1909 par la réception d'une lettre de l'évêché de Carcassonne : *me nomme curé de Coustouge*, suivie d'une autre le 20 suivant : *2ème lettre au sujet du changement*. S'ensuit une correspondance avec des amis ecclésiastiques proches pour déterminer quelle position adopter face à cette décision qui est clairement interprétée comme une sanction.

Or ce qui semble évident pour eux est énigmatique pour nous : en quoi le déplacement de Bérenger Saunière est-il un acte d'hostilité ? En novembre 1896, Gazel avait subi un tel changement et le prêtre de Rennes lui avait alors adressé une lettre : *Félicitations pour nomination à Floure*. Lorsqu'en 1906 Rouanet lui *annonce son changement* de Villefort à Bages, cela ne semble poser de problème à personne. En 1910, c'est le tour de Grassaud qui se voit répondre : *félicitations et regrets*.

Pourtant la réponse à cette question doit être simple car les réactions de ses correspondants ne laissent aucun doute sur l'interprétation donnée à cette nomination : il s'agit d'une sanction incompréhensible. Pour le curé de Montazels : *Laissez-moi vous dire que la stupéfaction est partout générale et qu'on approuve guère cette décision*, pour celui de Bages : *Je t'assure que ta lettre me surprend étrangement. Si j'avais pu craindre dans le passé pour toi, ce n'était pas à ce moment-ci*, et pour un de ses anciens professeurs : *je ne puis m'expliquer ce coup porté à ta situation à Rennes. Il y a là une décision bien grave qui est pour moi énigmatique*[150].

Au cours des années vont apparaître dans ces lettres les explications que chacun donne à cette sanction. Pour les uns, ce sont les dépenses somptuaires qu'il a fait, tel son ancien professeur : *Sans doutes les sommes*

---

(150) Corbu C. et Captier A. : – *L'héritage de l'abbé Saunière* – Nice, Bélisane, 1985

incalculables dépensées auraient pu être utilisées par un prêtre à d'autres œuvres [...]. Je t'excusais toujours en faisant valoir que tu avais commencé par la maison de Dieu dont tu avais fait un bijou. D'autres ont dû être moins charitables.... Pourtant, la villa Béthanie avait été commencée dès 1900, finie pour le gros œuvre en 1905 et totalement achevée en 1907. Une telle hypothèse paraît un peu tardive. Pour d'autres, c'est à cause de son *frère l'abbé, mort trop tôt,* Alfred Saunière étant décédé au beau milieu de ce qui était un scandale pour l'époque. Mais là encore, les évènements étant survenus en 1905, l'évêché aurait fait preuve d'un retard certain. Enfin, pour Rouanet *la mort du pauvre abbé Gaudissard aurait-elle réveillé de mauvais souvenirs* ? Gaudissard était curé d'Antugnac, une cure dont Bérenger Saunière avait assuré l'intérim quelques mois vingt ans auparavant : aucune recherche n'a pu éclaircir en quoi ce décès aurait pu être la cause du déplacement du prêtre de Rennes-le-Château.

Les conseils qu'il recevra de ses amis sont résumés en une phrase : *si tu as assez de revenus pour te retirer, prends ta retraite ; si tu n'en as pas assez, il faut te résigner et obéir.* Plutôt nanti, l'abbé adresse sa lettre de démission le 31 janvier et renvoie son titre de curé de Coustouge qu'il avait reçu quelques jours auparavant. À ce moment il est donc clair que l'abbé est en délicatesse avec sa hiérarchie mais personne n'a encore prononcé les mots qui fâchent : *trafic de messes.*

D'ailleurs à cette époque, les messes ne fâchent personne, bien au contraire. D'abord parce qu'à la retraite, l'abbé Saunière conserve le droit d'en dire et il commence en effet un échange de courriers avec son autorité à ce sujet : où va-t-il les dire dorénavant ? La réponse lui arrive on ne peut plus claire le 10 juillet 1909 : *Ordre de dire la messe chez moi.* L'abbé transforme donc la petite verrière attenante à la villa en oratoire à cet effet[151]. D'autre part, l'évêché est au courant pour les messes depuis plusieurs années et n'avait jamais rien entrepris à cet effet. La première lettre explicite date de mars 1901 : *Au sujet des honoraires de messes,* suivie le 16 mai : *2e avis sur les honoraires* auquel il répond *Ne ferai plus de*

---

(151) On désigne souvent cette pièce par chapelle. Dans sa correspondance, l'abbé Saunière la désigne comme oratoire, ainsi que Faraco lorsqu'il lui propose les ornements nécessaires.

demande. D'autres suivront[152] avec strictement le même résultat : le prêtre arrête ses demandes… durant deux à trois semaines.

Arrivé à ce point d'affrontement, un constat s'impose : soit le *casus belli* entre les deux parties relève des messes et on est alors étonné que l'évêché n'ait pas directement ouvert les hostilités par un procès pour trafic, soit le différent porte sur un autre point, resté obscur, et le changement du motif comme l'accusation portée relèvent tous deux du prétexte à nuire. Concernant le trafic, ou l'évêché n'a pas encore vraiment pris la mesure du phénomène, en 1909, ou il manque de preuves. C'est le facteur qui va leur apporter des éléments à charge.

Comme nous l'avons vu, l'abbé Saunière se met à collectionner les cartes postales vers 1906. À cette fin, il sollicite par courrier de nombreux correspondants qui lui en expédient, une ou plusieurs et parfois des centaines à la fois. Avec les talents de quémandeur du prêtre, le facteur peine parfois dans la dure montée qui mène au village et un beau jour de décembre 1906 arrive une chose qui n'était jamais arrivée auparavant : il laisse le colis de cartes postales au chef de gare de Couiza. À charge pour Hyppolite du Carla d'aller les chercher lui-même, avec son char à bœufs comme n'importe quel sac de plâtre. Nous rejoignons ici des témoignages anciens selon lesquels le facteur de l'époque se serait plaint du poids du courrier destiné à l'abbé. Il s'agissait apparemment des colis de cartes postales. Toujours est-il qu'à partir de ce jour, il sera privé d'étrennes ! Qu'importe, l'affront se reproduira quatorze fois en 9 mois, faisant monter la tension jusqu'à ce que Bérenger Saunière essaie de le faire déplacer en faisant intervenir Jacques Sabatier de Carcassonne. Celui-ci n'arrive à rien dans ses démarches[153] et au final le facteur restera en place avec apparemment un peu de rancune contre l'abbé.

En juillet 1909, l'abbé Marty prend de manière effective la charge de curé de Rennes-le-Château en plus de ses responsabilités de la cure de Couiza. Or si une partie des messes adressées le sont au nom de *M. Bérenger Saunière, curé de Rennes-le-Château*, d'autres le sont simplement au nom de *M. le curé de Rennes-le-Château*. L'histoire est effectivement connue : en faisant preuve d'une conscience professionnelle scrupuleuse,

---

(152) Carnets de correspondance : voir particulièrement les 9 juin 1903 et 14 août 1904.
(153) Carnets de correspondance : 25 et 27 septembre, 2 et 12 octobre, 31 décembre 1907.

le facteur trouva un moyen d'assouvir sa rancune en livrant une partie des messes destinées à l'un à l'autre. L'abbé Marty dût tomber des nues et en référer à l'évêché qui avait enfin matière à engager le procès. Notons que cette manœuvre n'affecta pas les revenus de l'abbé Saunière de façon importante, mais que le facteur dût savoir se montrer suffisamment explicite sur le reste.

Il plane donc toujours un doute sur les motivations réelles de l'évêché dans ses actions à l'encontre de Bérenger Saunière. Tous les prêtres que j'ai pu interroger à ce sujet ont eu une réponse similaire, en substance : *Il en va des relations des prêtres avec leur ordinaire*[154] *comme des relations des salariés avec leurs patrons. Parfois leurs mauvaises relations ont des raisons réelles connues de tous, parfois d'eux seuls, parfois elles n'ont pas de raisons particulières, relevant du caractère des personnes et de l'irrationalité des rapports humains.* Consulté à ce sujet, l'archiviste de l'évêché de Carcassonne n'a su me préciser, à titre privé, si la cause du procès résidait dans un motif réel et sérieux, mais dont on n'a pas gardé mémoire ou d'un motif irrationnel lié aux tempéraments respectifs des personnes impliquées.

S'il existe des doutes sur les motivations de l'autorité ecclésiastique, il n'en existe aucun sur l'attitude de Bérenger Saunière : il fût d'une mauvaise foi exemplaire. Dès la première entrevue avec son évêque en mars 1909 il promettait, une nouvelle fois, de ne plus solliciter de messes dans le diocèse ou en dehors, alors qu'il a manifestement continué. Dans son mémoire de défense, il ira même plus loin : *je réponds qu'il faut être fou pour oser s'arrêter à cette idée-là. Comment ! Où aurais-je pu trouver les 140 ou 150 mille francs de messes pour solder ce que coûtent tous ces travaux réunis et dans ce chiffre je n'y compte pas, bien entendu, tous les travaux de fouilles et de terrassier etc... que j'ai faits moi-même (sic). Oui, il faut être toqué pour prétendre cela...*[155]. S'il faut être toqué pour *prétendre cela*, que fallait-il être pour l'avoir effectivement fait ? L'important quand on ment, c'est d'oser... et en la matière, le prêtre ne manquera jamais d'air.

---

(154) L'ordinaire désigne personnellement l'évêque dans le langage ecclésiastique.
(155) Corbu C. et Captier A. : – *L'héritage de l'abbé Saunière* – Nice, Bélisane, 1985, p. 185.

Cité à comparaître une première fois le 23 juillet 1910, il fera adresser des certificats médicaux de complaisance pour se soustraire à ses juges ce qui lui vaudra une première condamnation par contumace dont il obtint l'appel[156]. Le second procès se tint le 5 novembre selon trois griefs : le trafic de messes, les dépenses exagérées et non justifiées, la désobéissance formelle à l'évêque. Sur les premier et troisième griefs le tribunal, considérant qu'ils ne sont pas assez établis juridiquement et que le doute doit profiter à l'accusé, prononce une condamnation plutôt symbolique : dix jours d'exercices spirituels à effectuer dans une maison de retraite sacerdotale ou dans un monastère sous un délai de deux mois.

L'affaire était pourtant grave dans le contexte de l'époque, juridiquement mais aussi moralement. À l'occasion de mes recherches, j'ai échangé des informations avec Martine Ottavi qui travaillait alors sur l'Oeuvre des Vins de Messes de Banyuls, un sujet qui n'a rien à voir avec le nôtre, sinon l'époque, le milieu ecclésiastique et les incroyables quantités de messes que ces prêtres s'échangeaient les uns les autres. Si au sein de cette oeuvre on voit circuler bien plus d'argent que l'abbé Saunière n'en vit jamais, ces échanges avaient un but : donner les messes que l'on ne pouvait pas dire personnellement à d'autres prêtres qui le pouvaient. Personne n'aurait alors impunément dérogé à cette règle comme le montre un extrait de la correspondance de l'un d'entre eux : *J'ai à vous donner 'sub secreto' une triste nouvelle. On ne sait ce que le Père B., de Florence, fait des messes qu'on lui confie. Donc ne lui en envoyez plus. Ne me demandez pas comment je le sais. Tenez-vous loin de lui....*

Bérenger Saunière utilisa d'ailleurs cet argument pour sa défense : s'il avait perçu plus de messes qu'il ne pouvait en dire, il les avait données à des confrères. Malheureusement, tous les prêtres qu'il citait comme ayant bénéficié de ses largesses étaient décédés, ce qui suscita la méfiance de ses juges. L'étude des carnets montre par ailleurs qu'il n'en était rien. Non seulement Bérenger Saunière ne rétrocédait pas ses messes, mais en plus il profitait de celles que ses collègues voulaient bien lui donner. Dix jours de retraite spirituelle, il se tirait particulièrement bien d'affaire et il exécuta cette sentence au monastère de Prouille.

---

[156] Dans mes notes de recherches j'avais noté « *il était absent, en voyage* ». Malheureusement je n'ai pas réussi à retrouver les éléments qui m'avaient amené à cette conclusion.

Rennes-le-Château, une affaire paradoxale

Le problème vint du deuxième point pour lequel il fût condamné à présenter ses comptes à son évêque sous un mois, sujet qui allait devenir l'enjeu principal des débats durant plusieurs années. La première raison de cette durée réside dans un choix stratégique de l'avocat de la défense. Après quelques hésitations, l'abbé Saunière avait accordé sa confiance au chanoine Huguet, avocat spécialisé en droit canonique qui avait des références prestigieuses. Or celui-ci voulait porter l'affaire à Rome[157] sans que l'on arrive trop à déterminer s'il s'agissait là des intérêts de son client ou de son défenseur qui affectionnait particulièrement la ville éternelle[158]. Le chanoine Huguet était un procédurier itératif qui refusa tous les arrangements que purent lui proposer les juges du tribunal de l'Officialité préférant les chicanes subtiles, mais inutiles dans ce cas, des tribunaux romains. L'abbé Saunière était en réalité très mal conseillé dans son litige[159].

La seconde raison c'est que si l'évêché fit preuve d'un certain entêtement pour obtenir ces comptes, l'abbé ne fut pas en reste pour échapper à leur présentation. Pour ce faire, il prétendit d'abord ne jamais avoir tenu de comptabilité alors que nous sommes bien placés pour être sûr du contraire[160]. Premier problème, les sommes dépensées. Acculé à se justifier, l'abbé va produire une page intéressante pour tenter de se disculper :

---

[157] On entend souvent dire que le procès finit à Rome vers 1915. En réalité, c'est très tôt que le chanoine Huguet essaie de soustraire le dossier au tribunal de l'officialité de Carcassonne pour le faire porter à Rome où il espère faire jouer ses amitiés. Les dernières lettres échangées au sujet de l'affaire datent d'avril 1916 après une interruption de deux ans entre août 1913 et juillet 1915.
[158] Les courriers entre Bérenger Saunière et le chanoine Huguet ont été édités et commentés par Pierre Jarnac : *Les archives de l'abbé Saunière***, cent lettres reproduites d'après les originaux mises en ordre et commentées par Pierre Jarnac – Collection couleur Ocre. Les carnets de correspondance font état de 196 courriers échangés entre les deux hommes, dont 113 de Huguet à Saunière.
[159] Outre les 1 000 francs d'honoraires qu'on le voit percevoir par la poste, le chanoine Huguet profita très largement de la générosité de l'abbé Saunière qui le couvrait littéralement de présents les premières années.
[160] Certaines personnes ont imaginé que les carnets qui servent à cette étude avaient pu être rédigés à l'occasion de ce procès. L'idée, qui ne repose sur aucun élément, ne tient pas pour différentes raisons dont l'une est que cela aurait été reconnaître qu'il avait préalablement menti, produisant entre autre des duplicatas de factures erronés.

1- Achat des terrains	*1 550 frs*
Je crois devoir vous rappeler qu'ils ne sont pas acquis à mon nom.	
2- Restauration de l'église	*16 200 frs*
3- Calvaire	*11 200 frs*
4- Construction de la villa Béthanie	*90 000 frs*
Tour Magdala	*40 000 frs*
Terrasse et jardins	*19 050 frs*
Aménagements intérieurs	*5 000 frs*
Ameublement	*10 000 frs*
(Total)	*193 000 frs*

L'achat des terrains étant notarié, le montant en est exact. Les travaux à l'église et au calvaire figurant au registre du conseil de Fabrique, les montants le sont aussi. En revanche, concernant les sommes allouées au domaine, l'abbé triche en les augmentant manifestement. Les juges précisent dans leurs attendus que c'est Bérenger Saunière qui produit le montant des sommes dépensées. Cela pose une question : tant qu'à tricher, pourquoi avoir avoué le montant correspondant aux revenus perçus ? Ceux-ci étant inconnus des juges, le plus simple eût été d'annoncer le prix véritable du domaine, le total aurait alors semblé beaucoup moins scandaleux à ses juges.

Dans l'hypothèse d'une organisation œuvrant comme réseau de financement, cette information peut prendre une interprétation particulière : si les accusateurs ignoraient la réalité des sommes encaissées, ce n'aurait pas forcément été le cas de tout le monde dans cette affaire. Mais Bérenger Saunière n'aurait pas pu avouer qu'il avait consacré une part non négligeable de ces ressources à des satisfactions personnelles. Cela aurait alors été proprement scandaleux pour ses juges, mais probablement aussi pour ses mécènes.

Toujours est-il qu'en avouant les revenus qu'il avait perçus, l'abbé soulevait deux problèmes insolubles pour lui : l'emploi effectif de l'argent et l'origine des ressources. Justifier le montant des dépenses astronomiques lui posera des difficultés insurmontables par la suite. Ayant argumenté qu'il n'avait conservé aucune facture originale, il obtint quelques duplicatas de fournisseurs proches manifestement gonflés, que ce soit par rapport aux montants notés dans la comptabilité ou par rapport aux originaux qui sont connus. Menteur l'abbé ? Ces piètres manœuvres n'auront guère de succès.

Donner le nom des donateurs et justifier l'origine d'une telle fortune lui posera autant de difficultés : il employa divers moyens, tous aussi oiseux l'un que l'autre, produisant en guise de justification de courtes listes qui ne convainquirent personne. Pour l'essentiel, son dernier rempart fût le secret de la confession derrière lequel se seraient retranchés ses mécènes. Quelle que fut l'insistance du tribunal, il ne produisit jamais la liste de ceux-ci, liste qu'il possédait et tenait à jour par ailleurs.

Entre les mauvais conseils de son avocat, les motivations ambiguës de ses accusateurs et son propre entêtement, l'affaire dura des années, durement vécues par le prêtre. C'était là une situation pour le moins paradoxale : ceux qui se plaignaient n'avaient (presque) jamais donné, alors que ceux qui avaient financé, avec constance et régularité aux périodes incriminées, ne se plaignirent (presque) jamais.

Curieuse équation en vérité !

Chapitre 11

Les relations

On reconnaît ses amis à ce qu'ils vous déçoivent.
Tu le sais bien toi que j'ai si souvent déçu[161].

---
(161) Pierre Desprosges.

L'analyse des carnets de l'abbé Saunière nous a permis d'être correctement renseigné sur la source de ses revenus, le montant et l'emploi de ceux-ci ainsi que le rôle qu'ils ont tenu dans ce qui aura été l'autre grande affaire de sa vie : son procès. Ils permettent aussi d'être mieux renseigné sur les relations qu'il entretenait effectivement avec ses proches.

Monseigneur Billard, nous l'avons vu, est réputé avoir protégé le prêtre de Rennes-le-Château depuis son ordination : il l'aurait envoyé en voyage à Paris, lui aurait présenté les personnes aptes à l'aider dans ses recherches et aurait été subjugué par les travaux de Bérenger Saunière dans son église, etc.

En premier lieu, cette protection ne repose à ce jour sur aucun élément documentaire. Les relations qui apparaissent entre les deux hommes au travers de leur correspondance sont purement professionnelles. Les lettres échangées passent généralement par le secrétariat et ont trait à des actes administratifs. À notre époque, avant de se rendre chez quelqu'un pour le visiter, on le prévient généralement par téléphone. À cette époque-là on procède par courrier, comme le fait très régulièrement l'abbé avec d'autres personnes mais aucun exemple de cela n'existe entre lui et l'évêque de Carcassonne.

D'autre part, à la mort de Monseigneur Billard, un de ses curés produit une notice nécrologique au vitriol, la notice Laborde (cf annexe 7). Celle-ci fait de nombreux reproches au prélat et aborde en particulier les protections dont bénéficient alors certains prêtres. Or non seulement ni l'abbé ni ses proches ne figurent parmi ceux dénoncés dans cette notice, mais aucun des correspondants du prêtre à l'exception d'un seul[162], n'a bénéficié des faveurs décrites dans ce document. Bérenger Saunière ne bénéficiait donc aucunement de la bienveillance de son évêque[163].

Le voyage à Paris, élément avancé de ce soutien supposé, s'est révélé être une impossibilité. Une équipe de journalistes étrangers qui procédait à un reportage a mené l'enquête. Le nom de Bérenger Saunière n'est pas porté sur le registre de Saint-Sulpice qui garde trace de tous les prêtres de

---

(162) L'archiprêtre At.
(163) Cf. également notre étude sur Mgr Billard (le dossier Billard au Ministère des Cultes) in *Parle-moi de Rennes-le-Château*, publication de Patrick Mensior, édition 2007.

passage : celui-ci ne s'y est donc pas rendu. Gérard de Sède avance pour preuve des copies de tableaux qu'il aurait ramené du musée du Louvre, dont les fameux *Bergers d'Arcadie* de Poussin. Non seulement ces copies ne nous sont pas parvenues et n'ont peut-être jamais existées, non seulement l'équipe de journalistes a démontré que les musées du Louvre ne vendaient pas ce type de souvenirs vers 1890 et que cet épisode relevait du fantasme, mais on trouve dans la correspondance en 1910 des commandes aux Magasins du Louvre : si ces copies ont réellement existé à Rennes-le-Château, elles ont très bien pu être commandées par correspondance à ces époques tardives. L'autre preuve avancée par Gérard de Sède de ce voyage est une photographie de l'abbé prise par un photographe parisien. Or il a été établi depuis qu'il ne s'agit pas d'une photographie de Bérenger Saunière mais de son frère et que de telles photographies n'étaient pas forcément prises à Paris.

D'ailleurs Monseigneur Billard avait-il besoin de déléguer son prêtre à Paris ? Il est attesté par plusieurs sources que l'évêque s'y rendait personnellement et régulièrement, à titre professionnel ou privé, plusieurs fois par an.

Autre détail peu connu à ce jour : Félix Billard était né dans une famille aisée, ce qui devait l'aider dans sa carrière. Lorsqu'il était encore prêtre en Normandie, à Caudebec-les-Elbeufs, il s'était trouvé lui aussi face à un problème d'église mal adaptée à son sacerdoce. Il l'avait faite raser et en avait fait reconstruire une nouvelle pour trois cent mille francs-or. Aussi, lorsqu'en 1897 il inaugura les travaux faits à celle de Rennes-le-Château, pour un montant de seize mille deux cent francs, ne doutons pas qu'il apprécia en connaisseur mais il n'avait aucune raison de tomber à la renverse.

Cette disparité de fortune est d'ailleurs une constante. Lorsque l'abbé Saunière met plusieurs années à réunir deux cent vingt mille francs-or, son évêque capte un héritage pour un million deux cent mille francs en 1891[164]. L'actif de la succession de ce dernier confirme à quel point il existe une vraie différence de fortune, tout à fait normale dans le contexte de cette époque, entre l'évêque et son prêtre.

---

(164) Pierre Jarnac : – *Les archives de Rennes-le-Château* – Nice, Bélisane, 1985, p. 452 et suivantes.

Enfin, si soutien il y a eu, il ne semble pas avoir été financier. Comme le précise Bérenger Saunière à l'occasion de son procès, lorsqu'il s'adresse à l'évêché pour avoir des messes à dire les premières années de son ministère, celles-ci ne viennent qu'au compte-goutte avant de se tarir rapidement. Ni sous le gouvernement de Monseigneur Billard, ni sous celui de Monseigneur de Beauséjour, l'évêché de Carcassonne n'a favorisé le prêtre de Rennes-le-Château.

Ces légendes ont été introduites par Gérard de Sède dans *L'Or de Rennes* et représentent un exemple tout à fait typique d'affirmation non étayée qui a été répétée à l'envie par un nombre considérable d'auteurs jusqu'à devenir une fausse certitude. Dans l'attente que quelqu'un produise un élément factuel qui prouverait cette relation, il paraît raisonnable de la classer parmi les inventions pures et simples.

Dans le même registre, on peut classer les relations entre Bérenger Saunière et l'abbé Boudet. Le prêtre de Rennes-les-Bains est censé, selon les versions, avoir aussi été le protecteur, l'ami, l'initiateur, le financier… de celui de Rennes-le-Château.

Les carnets permettent de préciser un certain nombre de points. Les dons de Boudet à Saunière s'élèvent à un maximum de deux cent quatre-vingt-dix francs[165], une goutte d'eau dans le financement du curé de Rennes-le-Château. D'autre part, les relations entre les deux hommes telles que les révèle la correspondance paraissent distantes. Seules cinq lettres sont portées dans les carnets[166], tout à fait ordinaires. À aucun moment, l'un des prêtres n'annonce sa visite à son confrère, soi-disant ami.

En réalité la véritable existence de l'abbé Boudet est encore très mal documentée et permet bien des fables. Par exemple, à ce jour, aucunes des photographies de lui publiées n'est formellement authentifiée. Pourtant, il tient un rôle important dans un grand nombre de thèses, essentiellement à cause de son ouvrage, *La Vraie Langue Celtique*, publié en 1886, qui exerce une véritable fascination sur les ésotéristes, à commencer par Pierre

---
(165) Ces dons sont effectués en mars 1896, mars et octobre 1897, janvier et novembre 1898, mars 1899 et mars 1900. L'abbé Saunière réunissait parfois plusieurs dons en une ligne ce qui empêche de connaître le don exact de chacun, par exemple mars 1899 : *De Boudet et Azille – 50 F*. Les deux cent quatre-vingt-dix francs représentent donc un maximum qui n'a pas été atteint.
(166) Carnet de correspondance : 2 et 6 janvier 1897, 13 et 14 mai 1907, 25 octobre 1908.

Plantard qui préfaça une de ses ré-éditions[167].

L'abbé Boudet possédait une maîtrise d'anglais et menait des recherches de linguistique en autodidacte. L'ouvrage qu'il produisit défend une thèse inepte, en substance : nos ancêtres les gaulois parlaient l'anglais moderne ! Pour certains, dont Gérard de Sède, il s'agit de l'œuvre d'un fou littéraire et effectivement l'accueil réservé par les milieux savants dès sa sortie fut pour le moins réservé. Pour d'autres, le texte, particulièrement brumeux et qui se rattache de loin à l'œuvre de Bessonnet-Favre[168], sert de cache à un message ésotérique délibérément crypté. Comme ces derniers sont convaincus du caractère ésotérique des réalisations de Bérenger Saunière, ils établissent un lien entre les deux hommes qui paraît en réalité peu probable à l'analyse et mériterait lui aussi d'être documenté.

Place de Rennes-les-Bains © Octonovo

---

(167) Boudet, H : – *La Vraie Langue celtique, introduction de Jean-Pierre Deloux, préface de Pierre Plantard dit de Saint-Clair* – éditions Pierre Belfond, 1978 ; réédition en fac-similé, Œil du Sphinx, 2006.
(168) Madame Bessonnet-Favre produisait sous le nom de Francis André des recherches ésotérisantes sur la langue originelle. Néanmoins ses conclusions différaient notablement de celles de l'abbé Boudet ainsi que ses « méthodes » d'investigations. Enfin son œuvre ne donne lieu à aucun « cryptage ». Comme elle avait œuvré au Hiéron du Val d'Or, elle était connue des milieux proches de Paul Le Cour dont était issu Pierre Plantard. On peut considérer comme probable que c'est cette vague parenté entre les deux œuvres qui poussa Pierre Plantard et Marius Fatin à y trouver un message ésotérique.

Comme l'imagination de certains va bon train, ces trois hommes, Billard, Boudet, Saunière sont censés former un trio indissoluble. Dans le cadre de telles hypothèses, il conviendrait aussi de préciser les relations éventuelles entre l'évêque de Carcassonne et le prêtre de Rennes-les-Bains pour prétendre à un minimum de crédibilité.

Autre proche prêté à Bérenger Saunière : Elie Bot, qui selon la légende est son meilleur ami, son confident et forcément son complice puisqu'il fut le maître d'œuvre de ses réalisations.

La quarantaine de lettres échangées entre les deux hommes ne permet pas de valider de tels rapports car elles ont un caractère essentiellement professionnel. À l'exception d'une mention en 1897, les relations des deux hommes s'échelonnent de 1901 à 1912. À aucun moment Elie Bot n'est invité aux repas qui ont fait la réputation de son employeur, contrairement à d'autres fournisseurs tel Firmin Fabre (tuileur). À aucun moment il n'est sollicité pour des services ne relevant pas de son activité professionnelle comme pouvait l'être Sabatier (liqueurs et alcools), qui essaya de faire déplacer le facteur et rendit bien d'autres services personnels à l'abbé entre deux invitations qu'ils échangeaient. On peut imaginer que c'est l'emploi de maçon d'Elie Bot, qui pouvait prêter à des interprétations symboliques, qui poussa Gérard de Sède à surestimer son importance.

Il n'existe pas davantage de trace de relation de l'abbé Saunière avec la famille des Habsbourg. Alors que l'on voit certaines de ses lettres destinées au Brésil[169], à Madagascar[170] ou au Québec[171], aucune n'est destinée au vaste empire d'Autriche-Hongrie. Les premiers éléments de preuve avancés tiennent à un rapport de gendarmerie qui aurait été dressé par les gendarmes de Couiza lors d'une visite du fameux Monsieur Guillaume, l'énigmatique hôte de l'abbé au fort accent alsacien, censé être en réalité un représentant de la famille impériale. Nous sommes quelques curieux à avoir essayé de retrouver ce rapport mais sans succès. En attendant que quelqu'un puisse en préciser le service d'archive et la cote[172], cette affirmation du seul Gérard de Sède ne peut suffire. Les autres éléments de

---

(169) Carnet de correspondance : 16 avril 1909, 23 janvier 1911, 12 janvier 1912.
(170) Carnet de correspondance : 30 juin 1900.
(171) Carnet de correspondance : 29 juin et 18 août 1907.
(172) Si quelqu'un en retrouve la cote qu'il n'hésite pas à la communiquer.

preuves sont des enveloppes trouvées dans les archives de l'abbé qui ont laissé supposer des relations épistolaires avec la Banque Fritz Dorge de Budapest. À partir de là, certains ont imaginé qu'il possédait un compte en banque en Hongrie. Ces courriers apparaissent dans les carnets de correspondance qui précisent la nature de cette relation : cette banque émettait des tickets de loterie à laquelle jouait l'abbé[173]. C'était là une activité apparemment courante pour les banques puisqu'il jouait aussi à celle de la Banque et Loterie Italienne[174]. Notons enfin les billets achetés à la loterie des artistes lyriques[175], et profitons-en pour réfuter une théorie que personne n'avait encore émise à ce jour. Non, l'abbé Saunière n'a pas gagné au loto, ses carnets de comptabilité en font foi.

Le reste est à l'avenant. Aucune trace d'Emma Calvé dans les archives de l'abbé, aucune trace de Bérenger Saunière dans les archives de la diva dont les occupations ne permettent pas d'envisager sérieusement une telle relation, même en toute amitié. Nulle trace de Claude Debussy, Jules Bois, Maurice Barres, Emile Hoffet… Dujardin-Beaumetz n'apparaît qu'une seule fois, lorsque Bérenger Saunière adresse à son conseiller général une pétition.

À l'exception de Marie Denarnaud et de sa famille, les relations prêtées au prêtre de Rennes-le-Château sont au moins suspectes, sinon illusoires. Ce constat dressé, Bérenger Saunière peut sembler un homme bien seul, mais en réalité il n'en était rien.

Avec plus de quatre cents lettres échangées en vingt ans, une fidélité indéfectible, une attention constante et touchante, le meilleur ami de Bérenger Saunière s'appelle en réalité Edouard Auriol : un illustre inconnu de Castres. Pour la petite histoire, cet homme qui disposait d'une certaine aisance fut le premier qui envisagea de monter au village en automobile mais en fut empêché par l'état du chemin.

Parmi les autres proches tout autant oubliés de « la grande histoire », citons outre la famille

(1896-1910)[176], de Coursan, Auguste Fons (1911-1916) un ancien habi-

---

(173) Carnet de correspondance : 2 février et 8 mai 1902, 7 novembre 1907.
(174) Carnet de correspondance : 5 juin 1908.
(175) Carnet de correspondance : 5 et 12 avril 1909.
(176) Les dates entre parenthèse indiquent les périodes durant lesquelles se sont échangées les correspondances.

tant du village parti à Bonrepos, époux de la sœur de lait de Marie Denarnaud, la famille Defretin-Séverin (1905-1911) de Lille, qui de financiers devinrent fournisseurs en épicerie (les fameux haricots) puis développèrent des relations amicales suivies avec l'abbé, Maria Thomazeau (1910-1917) de Bouin, la famille Rieu (1899-1910) de Limoux, Adeline, Gustave, Jacques, Jean, Joseph...

Parmi les prêtres, quatre se montrent particulièrement proches sur de longues périodes : Gachem (1896-1912), curé de Saint-Jean-de-Paracol, Louis Gazel (1896-1916) curé de Saint-Floure, Paul Rouanet (1898-1913) curé de Villefort puis de Bages-les-Flots et Eugène Grassaud (1906-1916), curé d'Amélie-les-Bains puis de Saint-Paul-de-Fenouillet. Certaines des amitiés ecclésiastiques de l'abbé Saunière furent moins durables mais néanmoins solides : ce fut le cas avec Bouichère (1897-1901), curé de Preixan, qui partageait sa passion pour l'art lyrique.

Je suis bien désolé de ne pouvoir fournir d'informations bibliographiques précises sur ces personnes, je n'ai pu copier aucune information dans les livres de mes prédécesseurs... À propos de personnes qui étaient effectivement proches de l'abbé, ses invités lors de ses fameux repas, ses confidents, ses amis, le matériel biographique publié atteint, dans le meilleur des cas, une page. La plupart sont de stricts inconnus.

Car, si l'on excepte une poignée d'auteurs sérieux et prudents qui n'avaient pas eu accès à mes sources documentaires, on en arrive à ce nouveau paradoxe : des dizaines « d'auteurs », de « chercheurs », « d'initiés » ont produit des centaines de livres de « révélations » et personne ne connaît seulement le nom du véritable meilleur ami de Bérenger Saunière : Edouard Auriol ! L'homme qui, s'il n'a pas de nouvelles de lui durant quinze jours, lui adresse une lettre pour lui en demander. L'homme qui passe le voir une fois par an au moins. L'homme qui tous les ans lui envoie des châtaignes pour adoucir les rigueurs de l'hiver naissant. L'homme qui lui demande de venir bénir son mariage. Le véritable ami de Bérenger Saunière est toujours un inconnu après cinquante ans de « découvertes » !

Le constat peut sembler sévère, mais il a été l'occasion de rire un peu à l'occasion d'une conférence donnée au village de Rennes-le-Château en août 2004. Après avoir rappelé une conférence de 1988 où M. Captier, interrogé sur les éléments connus en faveur d'une relation entre Bérenger Saunière et Henri Boudet, avait déjà bien voulu signaler qu'il n'en possédait aucun, j'annonçai mes propres arguments pour remettre en cause ce mythe. Puis j'enchaînai par une provocation : *avant 1900, l'un des principaux mécènes de l'abbé Saunière était le prêtre de Rennes-les-Bains avec qui il entretenait des relations suivies...* silence surpris ! Car à ce jour, et malgré une assez vaste production littéraire concernant le prêtre de Rennes-les-Bains, personne n'avait signalé la présence d'un autre prêtre dans ce village : Justin Sarda, l'aumônier des curistes.

Or celui-ci semble être des plus intéressants : il finança l'abbé Saunière pour un maximum de 2 306,35 francs[177]. En septembre 1900 il versa 350 francs, c'est-à-dire plus en une seule fois que l'abbé Boudet durant toute l'aventure. La correspondance est à l'avenant avec quarante-trois courriers (hors messes) parfaitement explicites : « *M'invite à aller le voir aux bains de Rennes* », « *Invitation pour Jeudi* », « *Me dit de garder les messes* » etc[178]. Les deux hommes garderont des relations après le départ de Justin Sarda de Rennes-les-Bains jusqu'en juin 1909, mettant à profit leurs voyages à Carcassonne pour continuer de se rencontrer de visu.

À ce jour, un nouvel illustre inconnu de la littérature me permet une petite provocation supplémentaire : afin d'expliquer l'absence totale d'éléments factuels pour prouver une relation entre Saunière et Henri Boudet, de nombreuses personnes se retranchent derrière l'emploi de nombreux prêtes-noms auquel aurait eu recours l'auteur de *La Vraie Langue Celtique*, censé être un obsédé du *Secret*. Qui pourra me prouver que l'abbé Boudet n'était pas en réalité le prêtre-nom de Justin Sarda – qui sait ? – l'authentique auteur de ce « mystérieux » livre ? Et c'est avec un plaisir non dissimulé que je retourne à certains leur objection favorite : « prouvez-moi le contraire[179] ! ».

Au risque de sembler tirer sur une ambulance, j'ajouterai qu'il y eut

---

(177) Avec les mêmes réserves que pour le total des dons attribués à l'abbé Boudet, toutes choses égales par ailleurs.
(178) Dans l'ordre des citations : 29 juin 1897, 23 juillet 1899, 22 juin 1900.
(179) Bien que n'ayant aucune valeur, c'est pourtant une objection très courante dans les débats sur l'affaire. Bien entendu, on ne peut que difficilement fournir de contre-argumentation à une affirmation qui n'est pas argumentée. Ceux qui en douteraient n'ont qu'à essayer d'infirmer ma provocation...

même, durant une courte période, un troisième prêtre à Rennes-les-Bains dont je n'ai pas réussi à déterminer s'il était là à titre professionnel ou en cure thermale : J. Bacquiès[180], un autre proche de Bérenger Saunière de 1907 à 1911.

Pour avoir lu une part importante des nombreux livres consacrés à l'affaire de Rennes-le-Château avant de découvrir ces éléments, j'ai personnellement préféré le rire à la consternation.

---

(180) Carnets de correspondance : 27 et 28 juillet, 7 août 1908. Il aurait normalement été le curé de Labège.

Chapitre 12

Esotérisme et occultisme

Un regard ésotérique répond à la machine mentale qui transforme le diamant en charbon et l'or en plomb.[181]

---

(181) Laurant, J. P : – *L'ésotérisme Chrétien en France au XIXème siècle* – Paris, L'Age d'Homme, 1992.

Un autre sujet semble à ce jour mal étayé alors qu'il occupe une très large place dans l'affaire de Rennes-le-Château : le parfum d'ésotérisme et d'occultisme dont certains auteurs entourent l'histoire.

Cette préoccupation n'apparaît dans l'affaire que dans les années 1960. En effet, selon de nombreux témoignages de chercheurs de la première heure, cette thématique surgit avec Gérard de Sède et consorts à l'occasion de la publication de *L'Or de Rennes*.

Gérard de Sède n'avait pas particulièrement de sources documentaires à sa disposition et sa démonstration tient à une lecture symbolique des réalisations de l'abbé Saunière. Or, outre qu'il avait plus d'imagination que de connaissances en la matière, la quasi-totalité de son argumentation est tombée à l'eau.

Il se livrait, par exemple, à une interprétation particulièrement créative des phrases que l'abbé Saunière avait fait porter au frontispice de son église, y détectant des mystères insondables. Depuis, des érudits locaux se sont donnés la peine de retrouver les sources bibliques de ces citations qui sont toutes issues d'ouvrages religieux orthodoxes.[182]

De même, Gérard de Sède avait procédé à une lecture symbolique du chemin de croix qui était censé être présenté à l'envers, lecture qui a depuis tourné au naufrage : d'abord parce qu'il n'y a pas de sens « normal » pour présenter un chemin de croix, ensuite, parce que celui-ci était en réalité un produit semi-industriel, commandé sur catalogue aux établissements Giscard[183] et que plusieurs dizaines d'autres exemplaires ont été retrouvés depuis dans de tranquilles églises de campagne[184]. Il n'avait donc pas été réalisé sur les indications particulières de l'abbé Saunière, contrairement à ce qui a pu être écrit ici et là. Enfin, de notoriété publique, ce chemin de croix a été repeint à plusieurs reprises par des faussaires, tout particulièrement les détails qui servaient à cette démonstration. Il semble que Gérard de Sède ait été abusé...

Il en va de même pour les autres éléments pour lesquels il se livrait à

---

(182) Tappa, G. et Boumendil, C : – *Les cahiers de Rennes-le-Château, archives, documents, études, volume 1, cahiers 1*– Nice, Bélisane, 1997, page 13 et suiv.
(183) Les courriers relatifs à l'achat de ce chemin de croix se trouvent dans les carnets de correspondance en novembre 1896.
(184) Pour les curieux, le plus proche de Rennes-le-Château doit être celui de Mouthoumet.

une analyse : les statues de Saints étaient des produits de série, la réalisation du bas-relief au-dessus du confessionnal avait été confiée à Giscard sans indication particulière de l'abbé etc. À propos de ce dernier, notons qu'il était un Compagnon du Tour de France et que ces derniers ont une symbolique professionnelle qui a, pour des raisons historiques, des points communs avec celle des francs-maçons alors que les deux institutions sont totalement distinctes, tant sur le plan de l'organisation que des objectifs. Il était courant que ces artisans impriment leurs marques distinctives sur leur production et, en la matière, M. Giscard semble ne pas avoir manqué d'humour, mais il ne faut pas se méprendre sur l'intention.

Il ne reste plus guère que deux éléments qui n'ont pas été totalement démystifiés, ce qui est bien peu par rapport à l'origine : la peinture de Marie-Madeleine située sous l'autel, qui aurait été réalisée par l'abbé Saunière lui-même et le diable bénitier que l'on aperçoit à l'entrée. Les carnets de l'abbé Saunière n'apportent pas véritablement d'éléments nouveaux concernant le premier sujet et pour le second, ils n'en apportent que quelques-uns, qui méritent cependant qu'on s'y arrête.

Il court sur ce diable de nombreuses légendes et il reste l'objet de nombreuses interrogations. Selon certains, il faut suivre son regard qui indique une place particulière sur le dallage du sol. Pour d'autres il laisserait apparaître des symboles parlants comme le cercle qu'il forme avec les doigts de la main droite, qui renverrait à la Fontaine du Cercle, à côté du Fauteuil du Diable, lieux-dits de Rennes-les-Bains. Les quatre anges qui le surmontent, en indiquant les quatre temps du signe de croix, constitueraient une allusion rosicrucienne. Enfin d'autres encore y décèlent l'inscription d'étranges signatures comme les lettres BS qui, c'est selon, pourraient être la signature du commanditaire (Bérenger Saunière) ou des commanditaires (Boudet Saunière), voire l'indication d'un lieu topographique précis, le confluent de deux rivières (La Blanque et la Sals) etc.

En tout premier lieu, on s'étonne qu'un diable puisse être considéré comme un symbole. En effet, *symbolus* signifie « qui réunit » alors que *diabolus* signifie « qui sépare ». Ethymologiquement le diable est donc le strict contraire d'un symbole. D'autre part, est-il raisonnable d'attribuer la possession d'un symbole, comme le fît Gérard de Sède ? Certains groupes

La Sals à Couiza © Octonovo

en utilisent avec plus de constance que d'autres, c'est un fait certain, mais fondamentalement les symboles n'appartiennent à personne. Par exemple le Pélican est utilisé à la fois en symbolique chrétienne, maçonnique, rosicrucienne et il avait une importance réelle pour un certain nombre de peuplades, dites primitives, qui connaissaient aussi cet oiseau. De même la présence des quatre anges ailés qui exécutent le signe de croix au-dessus de ce diable bénitier offre deux lectures symboliques différentes pour un même objet : une allusion aux frères aînés de la Rose-Croix, pour les ésotéristes, ou une allusion à la puissance du signe de croix qui fait ployer le démon, pour un prêtre.

Concernant les lettres BS, qui désignent manifestement Bérenger Saunière, on peut dorénavant proposer la corrélation inédite Boudet Sarda[185]. Ce sera là ma modeste contribution de chercheur critique à l'oniromanie compulsive de certains, ainsi que la preuve que des recherches bassement critiques peuvent enrichir les possibilités de certaines activités purement créatives.

Ce diable bénitier est réalisé en 1897 par la maison Giscard de Toulouse,

---

[185] Au risque de paraître taquin : prouvez-moi le contraire !

spécialisée à l'époque dans la statuaire religieuse. Les courriers échangés entre Saunière et son statuaire permettent de préciser le contexte de l'arrivée du bénitier en juin 1897, à la veille d'une visite pastorale de Monseigneur Billard. Pressé par le temps, l'abbé écrit alors : *Si les marchandises ne sont pas ici avant la fin du mois, il peut les garder* et effectivement le bénitier doit être expédié *à grande vitesse* pour être présent lors de la visite du pontife[186]. Ainsi, si M. Giscard n'avait pas réussi à expédier le bénitier à Bérenger Saunière en temps et en heure, il aurait apparemment été obligé de le revendre pour une autre église... où il aurait regardé un dallage différent, dans un village n'ayant pas forcément une Fontaine du Cercle ou un Fauteuil du Diable à proximité et ne parlons pas d'un trésor.

En réalité il est beaucoup plus probable que ce soit Pierre Plantard qui se soit livré là à une des mystifications dont il était coutumier, rattachant l'affaire primitive de trésor à un domaine qu'il affectionnait. Reconnaissons-lui au moins des talents créatifs car l'ésotérisme est désormais un des moteurs principaux du mythe sur lequel peu d'auteurs font l'impasse, quitte à faire des erreurs manifestes.

La principale de ces erreurs, qui est pourtant souvent commise, est de ne pas tenir compte du contexte historique et de prêter à l'abbé Saunière des fréquentations et des préoccupations qui, si elles semblent sensationnelles dans le contexte actuel, sont totalement impossibles dans le contexte de l'époque. Ce type d'erreur peut être le fait de personnes qu'on pourrait pourtant penser parfaitement renseignées.

Je me souviens d'une rencontre avec un franc-maçon, dans les jardins qui jouxtent l'église du village, qui était tout fier de se présenter comme le vénérable de sa loge. C'était donc a priori une référence, et pourtant, il me soutenait que l'abbé était un Frère, ce qui est impossible. Comme je lui en faisais la remarque, il s'emporta en me montrant la forme triangulaire du jardin et la forme ronde du calvaire qui siège au centre : *L'abbé Saunière a construit un rond dans un triangle, ce n'est pas un symbole maçonnique peut-être ? N'est-ce pas la preuve que l'abbé était franc-maçon ?* Pour être tout à fait franc, mon filleul de quatre ans, lui aussi, dessine des ronds, des triangles et même des carrés. Et pourtant il n'est pas franc-maçon...

---

(186) Carnets de correspondance : 10, 30 et 31 mai, 3 et 10 juin 1897.

Cette erreur est encore assez commune. Passons sur le fait qu'aucune obédience n'a jamais trouvé la moindre trace de lui dans ses registres et qu'il n'a jamais été revendiqué par aucune loge.

Comme nous l'avons vu, l'abbé était d'opinion monarchiste réactionnaire, parti totalement opposé aux barons noirs de la République, comme on nommait alors les frères. En effet, suite aux différentes excommunications qui avaient été proférées contre eux et suivant une évolution sociologique typiquement française, la franc-maçonnerie avait alors rejoint le camp républicain et faisait preuve d'une activité franchement anticléricale. Il suffit de consulter les comptes-rendus des convents maçonniques ou les journaux catholiques de cette époque pour constater à quel point cette opposition était radicale et réciproque.

À cette époque, pour le parti clérical, le franc-maçon était bel et bien l'ennemi à abattre et, réciproquement, les frères ne manquèrent jamais une occasion de *bouffer du curé*[187]. Il y eut bien quelques exceptions à cette règle générale, mais elles furent extrêmement rares.

Concernant l'Aude durant ces périodes, une seule de ces exceptions est connue. En 1888 la loge des Vrais Amis Réunis reçut une demande d'initiation émanant d'un prêtre, ce qui fut pour elle un véritable cas de conscience. Pierre Aribaud[188], curé de Molleville, avait fait ses études de théologie, puis était rentré chez les lazaristes avant d'être tenté par l'initiation. Le rapport du vénérable maître parle de lui-même : (les lazaristes) *voulurent l'éloigner de tout contact avec la vérité et la lumière, et l'expédièrent en Amérique d'où il revint avec des idées plus fortes, plus mûries, d'abandonner le camp jésuite, et de vivre au milieu d'amis loyaux*. Mais son état de prêtre était considéré comme totalement incompatible avec son adhésion, ce qui posait le problème de son activité professionnelle : *il faut*

---

(187) Cette situation perdura jusqu'à la Seconde Guerre Mondiale qui introduisit une importante rupture dans l'histoire de cet ordre. Depuis cette époque, la position des différentes obédiences a subi des changements importants et la position de la franc-maçonnerie vis-à-vis de la religion est en général plus variée et plus nuancée. Réciproquement, du point de vue catholique, les francs-maçons ne seraient plus passibles d'excommunication mais resteraient en état de pêché grave. Actuellement certains s'emploient à un apaisement des relations entre les deux parties.
(188) Pierre Aribaud n'avait aucune relation avec le curé de Rennes-le-Château. Par ailleurs, on trouve chez les *Vrais Amis Réunis* vers ces périodes un Rouanet mais il s'agit d'un homonyme sans relation avec le prêtre proche de Bérenger Saunière.

vivre, et notre desservant n'a d'autres ressources que celles que lui rapporte son si triste métier. D'un caractère franc, il ne connaît pas les ruses des prêtres pour réaliser des bénéfices ou, s'il les connaît, son honnêteté l'empêche de les pratiquer. Apparemment celui-ci répugnait au trafic de messes. Il accepta de rendre sa soutane pour devenir franc-maçon et le vénérable maître sollicita son obédience pour qu'on lui obtienne un emploi d'instituteur[189].

Le rapport de Bérenger Saunière avec la franc-maçonnerie est donc tout à fait illusoire dans ce contexte[190]. Il en est de même pour de nombreuses autres initiations qui lui furent prêtées et les auteurs sérieux qui ont essayé d'éclaircir ce sujet n'ont jamais trouvé d'éléments véritablement probants[191]. Se pose alors la question de savoir quels éléments nouveaux l'étude des carnets peut apporter à cette question.

La première étude porte sur l'ésotérisme chrétien. On entend parfois dire à son sujet qu'il s'agit d'une absurdité car, le christianisme étant une religion révélée, il serait imperméable à ce type de pensée qu'est l'ésotérisme. Voilà une belle réponse de catéchisme qui a pour elle la séduction de la logique. Malheureusement l'argument n'est pas recevable : si l'histoire était logique, à fortiori celle de ces milieux, cela se saurait depuis longtemps. L'ésotérisme chrétien est un courant de pensée bien réel, qui connut un certain succès au XIXème siècle dans le climat d'interrogation spirituelle intense de l'époque et il a été bien étudié depuis par des historiens compétents.

Néanmoins le sujet reste d'un abord complexe. D'abord parce que ses frontières sont mal définies, à cheval qu'il est entre deux courants de pensées : d'une part la pensée religieuse, qu'elle soit scrupuleusement orthodoxe ou franchement hétérodoxe, d'autre part la pensée ésotérique de cette époque qui était plutôt laïque, voire franchement anticléricale elle aussi.

---

(189) Tirand, P : – *Loges et Francs-maçons audois, 1757-1946* – Carcassonne, Cercle philosophique et Culturel de Carcassonne, 2002.
(190) On soulignera que dans le numéro de l'année 2007 des *Cahiers de Terre de Rhedae*, Antoine Captier produit un « sautoir » maçonnique retrouvé dans les affaires de l'abbé. Un document intéressant, mais qui en soi n'est pas une preuve. Ce peut être tout simplement un objet donné par un ami.
(191) En particulier on pourra lire : Dubois, D. : – *Rennes-le-Château, l'occultisme et les sociétés secrètes* – Œil du Sphinx, 2005.

Enfin, il est parfois difficile de positionner clairement les acteurs et ce d'autant plus que certains eurent des trajectoires intellectuelles pour le moins surprenantes.

Connu, ce mouvement composite avait d'ailleurs un peu de mal à s'affirmer en tant que tel à l'époque. L'un de ses représentants les plus voyants, le Sar Péladan, se voyait, d'un côté, anathématiser par ses confrères occultistes, *féal du Pape, tenant de la monarchie sans Patrie*, et de l'autre moquer par Monseigneur d'Hulst qui avouait être *amusé de ces fantaisies littéraires* à propos d'un livre qui n'avait pas été condamné parce que *personne n'aura songé à déférer l'ouvrage aux congrégations romaines*.

Il fallait donc un certain masochisme pour se vouloir ésotériste chrétien dans un tel contexte. Néanmoins il y eut des candidats : l'abbé Saunière en faisait-il partie ? Pour apporter quelques éléments de réponse à cette question, j'ai consulté l'ouvrage de référence sur le sujet[192] et comparé les noms cités à ceux apparaissant dans les carnets de l'abbé Saunière : je n'y ai pas trouvé de correspondance qui m'ait parue pertinente. En l'état, il ne semble donc pas que l'abbé Saunière puisse être rattaché à ce courant de pensée.

L'autre piste est celle de l'ésotérisme régional, un sujet non moins difficile car pas totalement éclairci, en particulier concernant le rôle que purent y jouer certains prêtres, souvent proches de la dévotion du Sacré-Cœur et monarchistes d'ailleurs. Selon Gérard Galtier : *... il s'avère pour le moins que le petit monde des prêtres de l'Aude à la fin du XIXème siècle constituait un étrange milieu. [...] Ces prêtres se retrouvaient au carrefour d'influences spirituelles assez diverses où se mêlaient le néo-catharisme, la dévotion au Sacré-Cœur, le culte de l'Immaculée Conception et l'attente du retour du Christ*. Avant de conclure un peu plus loin : *La région du Languedoc occidental nous apparaît donc comme rebelle à toute forme d'orthodoxie : le journaliste catholique y est Rose-Croix et l'archiviste départemental évêque cathare ; quant au curé de campagne, prophète de l'apocalypse sinon chercheur d'or, il cherche à dialoguer avec Lucifer et Asmodée*. Il n'est pas le seul à avoir perdu son latin devant cet imbroglio.

Ce qui témoigne le plus certainement d'une telle activité dans l'Aude

---

[192] Laurant, J.P : Op. Cit. *L'index nominem* contient environs 1 250 noms. Les carnets de l'abbé Saunière font état d'environ 500 correspondants.

durant cette période c'est principalement la résurgence du mythe cathare et les activités de Jules Doinel (1842-1902), fondateur de l'Eglise Gnostique Universelle, ainsi que d'une activité rosicrucienne sur Toulouse entourée d'un écho régional possible.

Concernant cette dernière piste, le lien est généralement établi par le biais du statuaire de l'abbé Saunière, Giscard, qui est réputé avoir fréquenté le cénacle du Vicomte de Lapasse, connu sous l'appellation de *Rose-Croix Catholique de Toulouse*. Néanmoins Joseph Giscard, le dernier descendant de cette famille, que j'ai eu l'occasion d'interroger, n'avait aucun élément probant en faveur d'une éventuelle participation de son grand-père à ces activités, et il semble qu'il ne s'agisse que d'une rumeur de plus[193].

Jules Doinel, pour sa part, est typique de ces trajectoires variables dont il vient d'être question : après une éducation religieuse chez les jésuites, il vira à l'anticléricalisme et adhéra à la franc-maçonnerie. Néanmoins, il avait conservé des aspirations spiritualistes et lorsqu'au cours d'une séance de spiritisme l'esprit du cathare Guilhabert de Castres lui enjoignit de procéder à la résurgence de l'église gnostique, il versa dans le dualisme. Rebondissement : en 1895, il eut une violente crise mystique, abjura son *hérésie* auprès de l'évêque d'Orléans et se mit à produire des ouvrages foncièrement anti-maçonniques sous le pseudonyme de Jean Kotska. Comme si cela ne suffisait pas, dès 1896, il redevint évêque de son Eglise Gnostique Universelle et les historiens se demandent toujours en quelle foi il est finalement décédé. Avec une âme pareille, le savait-il lui-même ?

C'est cet homme curieux, à la fois très cultivé, diplômé de l'Ecole des Chartes, archiviste parlant le latin et le grec, mais aussi spirite tourmenté, halluciné chronique, régulièrement victime d'apparitions de la Vierge, de Jansénius, d'Isis, de Yolande d'Ivry... entre autres, qui se fît nommer sous-archiviste à Carcassonne (1896) où son église gnostique, qui avait continué sans lui durant l'intermède, fît preuve d'une certaine activité.

Là encore, je n'ai pas trouvé dans les carnets de correspondance quoi que ce soit qui permettrait d'affirmer une relation entre l'abbé de Rennes-le-Château et les personnes ayant pris part à ces aventures régionales. En

---

(193) Le vicomte de Lapasse est décédé en 1867 ce qui laisse peu de chance d'un lien direct. Le dernier représentant de ce cénacle fut Firmin Boissin. Notons que celui-ci était hostile à la Franc-Maçonnerie.

revanche, il existe dans l'entourage immédiat de Bérenger Saunière deux personnages qui peuvent être rattachés aux milieux ésotériques et dont l'étude se montre intéressante : Prosper Estieu et Déodat Roché.

Prosper Estieu fut un des rénovateurs, bien connu, du Catharisme et de la langue d'Oc dont il précisa les règles orthographiques. Il fut instituteur à Rennes-le-Château du vivant de l'abbé et parallèlement éditait une revue[194] où il exaltait le passé cathare du Languedoc. Néanmoins l'abbé Saunière ne produisit aucun article pour lui et il semble qu'ils entretenaient de mauvaise relations, typiques de l'opposition entre un prêtre catholique et un instituteur républicain à cette époque. Contrairement à l'un de ses collègues avec lequel l'abbé resta longtemps en relation, Prosper Estieu disparut purement et simplement de la vie du prêtre lors de son départ du village. Selon les témoignages recueillis, les deux hommes s'évitaient autant que possible et il semble donc que l'abbé puisse être considéré comme hostile à la vieille hérésie qui faisait le délice des spéculateurs ésotériques locaux.

Déodat Roché aurait très probablement pu nous apporter bien des renseignements. Né en 1877 à Arques, un village éloigné de quelques kilomètres seulement, il avait personnellement connu l'abbé Saunière. D'autre part, sa famille comptait le médecin et le notaire du prêtre et ceux-ci devaient être d'autant mieux renseignés que l'un signa des certificats de complaisance à l'occasion du procès tandis que l'autre fit signer tous les actes notariés à Marie[195]. Témoin privilégié en ce qui concerne l'abbé, il eut aussi une carrière ésotérique édifiante : franc-maçon notoire (il eut quelques soucis durant l'occupation) il entra très tôt en contact avec Jules Doinel (1899) et fut évêque de son église gnostique sous le nom de Tau Théoditos (1903). Enfin, proche ami de Prosper Estieu, il participa lui aussi au mouvement néo-cathare et fonda en 1948 les *Cahiers d'Etudes Cathares*, une référence en la matière.

Déodat Roché vécut plus que centenaire, ce qui permit à quelques-uns

---

(194) *Montsegur* (Revista mezaderia de la letradura occitana).
(195) Il existe une polémique récente selon laquelle Marie Denarnaud aurait hérité indûment du domaine de l'abbé Saunière. Elle est d'autant plus infondée que tout fut réalisé à son nom et qu'elle se rendait le plus souvent seule pour signer les actes notariés nécessaires. Une autre polémique veut que Marie Denarnaud fut illettrée ce qui est manifestement tout aussi faux. Elle savait lire et écrire.

d'aller l'interroger après la parution du livre de Gérard de Sède. La seule réponse qui nous est parvenue est que tout cela le faisait... rire ! Nous sommes quelques-uns qui aimerions connaître les raisons de cette hilarité...

En l'état, le lien de Bérenger Saunière avec les milieux occultistes de son époque n'est toujours pas établi. Pourtant des dizaines d'auteurs l'ont désigné comme un initié aux mystères les plus impénétrables et d'autres continueront probablement à le faire. Pour comprendre ce phénomène il convient de mettre de côté les critiques rationnelles et d'adopter cette fois le point de vue en cause : comment devient-on un initié aux mystères ?

Il y a essentiellement deux méthodes. La première consiste à se revendiquer comme tel de sa propre autorité, si celle-ci est suffisante. Comme c'est rarement le cas, la seconde méthode est beaucoup plus employée et consiste en une reconnaissance mutuelle que l'on trouve formulée dans certains rituels sous la forme d'un jeu de questions / réponses du type :

— *Êtes-vous un initié ?*
— *Les initiés me reconnaissent comme tel.*

Il est aisé de comprendre que ces milieux fonctionnent comme des sociétés d'admiration mutuelle et, si vous êtes tenté par l'aventure, il est beaucoup plus urgent de vous trouver des camarades de jeux que de faire preuve de connaissances objectives. Il est tout aussi aisé de comprendre que vous pouvez être désigné à votre corps défendant et c'est bien ce qui semble être arrivé au prêtre de Rennes-le-Château :

— *Bérenger Saunière, êtes-vous un initié ?*
— *Malheureusement, les initiés me reconnaissent comme tel.*

Vox populi, Vox Dei : vu la production littéraire consacrée au sujet, Bérenger Saunière appartient désormais au panthéon des grands initiés. Quant à savoir comment : c'est justement là le mystère...

Chapitre 13

Un trésor ?

La réalité dépasse la fiction[196]

---

[196] Proverbe.

L'affaire de Rennes-le-Château, telle qu'elle était connue à ce jour, paraît ainsi peu sérieuse à ce point de l'étude. En particulier nous sommes bien placés dorénavant pour savoir que le postulat de base, *l'abbé Saunière s'enrichit grâce à un trésor,* est faux. D'ailleurs trouva-t-il jamais un trésor ?

Paradoxalement, la réponse à cette question est : « oui, l'abbé Saunière trouva bel et bien un trésor ». Il n'y a absolument aucun doute sur cette question.

Comme nous l'avons vu, cette idée est attestée dès 1936 et bien avant l'arrivée de Noël Corbu. De plus, tous les témoignages recueillis auprès des habitants du village en font foi, quitte à avoir subi des modifications sous l'action du temps.

Selon une première version, il découvrit des parchemins à l'intérieur du pilier du maître autel[197], qui est creux. A priori rien que de très normal : ce type d'ouverture servait à ranger les documents relatifs à la consécration du lieu. Normalement on devrait les retrouver dans le nouvel autel que l'abbé Saunière a fait installer en remplacement, à moins que des chercheurs de trésors des années cinquante ne se les soient appropriés.

---

(197) Selon certains ce pilier est d'origine wisigothique ou mérovingienne. En réalité il est typiquement carolingien. Ses motifs ont été re-sculptés à l'époque de l'abbé Saunière ce qui lui donne son apparence particulière mais il n'y a aucun doute sur l'attribution qui doit être faite.

Selon une deuxième version, un ouvrier aurait trouvé un rouleau caché dans le pilier de l'ancienne chaire, lors de sa démolition, rouleau qui aurait été donné au prêtre. Le pilier existe toujours et effectivement il recèle une cache qui aurait pu contenir un petit rouleau. L'ouvrier était le grand-père de M. Captier, qui a assuré la véracité du témoignage et conserve ce fameux pilier. Il existe beaucoup de spéculations sur ce que pouvait être ce document, mais dans l'absolu il n'existe aucune certitude.

Troisième version : c'est en soulevant une dalle que l'abbé Saunière aurait mis à jour une sépulture contenant des ossements humains et la fameuse oule contenant des pièces d'or ou des médailles miraculeuses. La dalle était gravée sur la face cachée et elle a subi quelques dommages du fait de son exposition aux intempéries par l'abbé Saunière[198].

Au total, on a donc le choix des découvertes et celles-ci pouvaient être d'autant plus intéressantes que le village de Rennes-le-Château correspond

---

(198) L'abbé Saunière avait exposé cette dalle au pied du calvaire, en haut du petit escalier qui y mène. Des archéologues vinrent la retirer dans les années cinquante pour l'emmener au musée lapidaire de Carcassonne. Elle a depuis réintégré le musée du village où elle est exposée.

bel et bien à l'antique ville moyenâgeuse de Rhedae. C'est un lieu riche en vestiges archéologiques. Détail assez peu connu à ce jour : l'abbé était intéressé par l'Histoire, il s'était en particulier abonné à la revue *Historia* dès les premiers numéros. Toujours selon les témoignages recueillis au village, il aurait procédé à des fouilles archéologiques en compagnie d'Auguste Fons. Cette information semble probable car ce dernier apparaît dans les comptes-rendus de la Société des Etudes Scientifiques de l'Aude, dont il deviendra membre, comme procédant à des fouilles sur le territoire de la commune, et il était un proche de l'abbé, comme nous l'avons vu.

Néanmoins, ces activités ne comptèrent pour rien dans l'enrichissement de l'abbé Saunière. Nous le savons par les carnets : son enrichissement à partir de 1895 est dû à d'autres causes. Pour les périodes précédentes qui correspondent à ces découvertes il a connu des difficultés... qui l'ont poussé à contracter différentes dettes : 250 francs à Madame Marre en juillet 1891, 250 encore en novembre etc[199]. L'abbé était bel et bien un pauvre curé de campagne à cette époque.

Mais la preuve la plus évidente d'une découverte archéologique se situe dans cette fameuse phrase relevée dans un de ses carnets, à la date du 21 septembre 1891 : « *lettre de Granes, découverte d'un tombeau, le soir pluie* ». Cet élément est d'autant mieux connu que, le 28, il part en retraite et note en date du 29 : Vu curé de Névian – Chez Gélis – Chez Carrière – Vu Cros et secret. Ce mot *secret*. a permis à Gérard de Sède de développer des histoires imaginaires, ce qu'il affectionnait. En réalité il s'agit de l'abréviation du mot *secrétaire* comme l'utilise à d'autres occasions Bérenger Saunière, ce qui explique le point[200].

La découverte indiscutable de ce tombeau ne donna pas lieu à d'étranges conspirations entre prêtres ; elle est néanmoins franchement passionnante.

L'existence de ce tombeau a été mise en évidence dans les années soixante par le plus ancien des chercheurs de trésor de Rennes-le-Château : Jean Pellet. Alors qu'il consultait un vieux registre paroissial, il nota différentes

---

(199) Corbu, C. et Captier, A. : – *L'héritage de l'abbé Saunière* – Nice, Bélisane, 1985 page 79. Ces deux auteurs en étaient déjà arrivés à la conclusion que la découverte d'un magot n'était pas à l'origine d'un enrichissement de l'abbé sur ces périodes.
(200) Dans ses carnets, Bérenger Saunière utilise régulièrement des abréviations. A contrario il ne porte quasiment jamais de point final. *Secret*. désigne donc bien le secrétaire du vicaire général Cros.

mentions d'un tombeau seigneurial. Le 30 mars 1705 c'est dame Anne Delsol qui est inhumée *dans l'église de ce lieu, au tombeau des seigneurs qui est auprès du balustre.* Le 24 octobre 1724 c'est Henry de Vernet qui *a été enterré dans l'église de ce lieu au tombeau des seigneurs.* Cette découverte fut confirmée par les recherches de René Descadeillas qui exhuma le testament de H. Hautpoul du 24 avril 1695 : *Voulant qu'après mon décès, mon corps soit enseveli dans l'église paroissiale dudit Rennes, tombeau de mes prédécesseurs.*

Ce tombeau, noté comme condamné en 1740 car complet, est surtout intéressant si l'on considère la question de l'origine de l'église. De construction composite, elle est pour la partie la plus ancienne datée de l'époque carolingienne, l'époque glorieuse de Rhedae. À cette période, deux lieux sont consacrés, d'après les chartes qui nous sont parvenues, et l'église Ste-Marie-Madeleine correspond à la chapelle des seigneurs qui jouxte directement l'ancien château fort[201]. La ville de Rennes-le-Château a déjà été détruite à plusieurs reprises, dont une dernière à l'occasion des guerres de religion du XVIème siècle. C'est à cette occasion que l'ancien château fort disparaît et que fut construit celui qui est actuellement visible au village. L'autre église, dédiée à St-Pierre, subit le même sort. La chapelle des seigneurs est alors prolongée pour devenir le lieu de culte de tous les habitants. Si nous sommes dans l'ignorance concernant l'origine de ce tombeau des seigneurs, il se pourrait néanmoins que nous ayons à faire à des vestiges de première valeur.

Au-delà des approches documentaires, il existe un excellent témoignage à ce sujet : le rapport Cholet. Jacques Cholet est un des chercheurs de la première heure qui arriva au village en 1957. En 1959, ce chef des travaux de la R.A.T.P. réalisa un double exploit : obtenir une autorisation de fouilles de l'église de la part de l'évêché et une autre du conseil municipal de Rennes-le-Château. La façon dont il obtint ces autorisations reste aujourd'hui encore un mystère. Si le maire ne fit qu'entériner l'accord donné par l'évêque d'alors, Monseigneur Puech, ce dernier donna le sien en seulement quelques heures à un inconnu. Toujours est-il que Monsieur Cholet était apparemment en possession de documents dont la nature et l'origine n'ont

---

[201] L'ancien château comtal était donc situé à l'emplacement de l'actuel domaine de l'abbé Saunière.

jamais pu être établis[202]. Pour les uns il se serait agi de vieux parchemins trouvés au château de Montfort l'Amaury, pour d'autres de papiers trouvés, volés ou tout simplement de documents mystérieusement acquis par des parents dont il aurait hérité. Il existe un véritable mystère concernant ces documents car Jacques Cholet a des lacunes évidentes sur l'histoire du lieu et, en même temps, il semble incroyablement renseigné sur certains détails concernant l'église.

Toujours est-il que les fouilles commencent en 1959 sous le contrôle d'un huissier pour dresser un constat d'antériorité et que celles-ci, qui donneront lieu à ce fameux rapport, vont s'avérer du plus haut intérêt. En effet, il est noté la découverte de deux escaliers qui se dirigent en direction du sous-sol : *Sous l'escalier de la chaire, là, il y a un autre escalier qui se dirige en descendant vers le cimetière. [...] Sous le plancher de la sacristie, j'ai trouvé l'amorce d'un escalier se dirigeant vers le sud ; les marches en sont grossièrement taillées et il a la largeur de l'entrée de la sacristie...*

Ces fouilles prirent fin d'une manière pour le moins inattendue. Alors que Monsieur Cholet avait procédé à la levée du carrelage et à sa repose après différents sondages du sol, une personne manifestement mal intentionnée vint poser contre la porte de l'église un lourd madrier. Celle-ci s'ouvrant vers l'intérieur, la sortie de Jacques Cholet déclencha le piège et seul un réflexe salutaire lui permit de ne pas se faire broyer le crâne. Il en fut quitte pour la peur, cessa tous travaux et ne remit jamais les pieds au village. Son rapport commença à circuler dans les années 1970.

L'existence d'un tombeau des seigneurs est donc une évidence. C'est un architecte belge, Paul Saussez, qui a produit les meilleurs travaux sur ce sujet. À partir de ses connaissances en architecture et d'une étude documentaire exhaustive, il a reconstitué l'église primitive, fait apparaître les différents travaux de l'abbé Saunière et, surtout, mis en évidence l'existence d'une crypte à deux entrées : le fameux tombeau des Seigneurs[203].

---

(202) Concernant Jacques Cholet et ses fouilles : Mensior, P : – *Parle-moi de Rennes-le-château* – Rennes-le-Château.doc, 2005.
(203) Saussez, P : – *Au tombeau des Seigneurs* – Arkeos sprl, 2004, support CD Rom. Ce travail a été récompensé par l'attribution du Prix Bérenger 2005, remis par l'Association pour les Recherches Thématiques sur Bérenger Saunière (ARTBS). Voir également les contributions de Paul Saussez dans les *Actes des Colloques de l'ARTBS* (2004 et 2005), Œil du Sphinx.

Selon lui, la première entrée correspond à un ancien autel latéral qui se situait juste à côté de l'ancienne chaire, en retrait d'environ un mètre par rapport à l'actuelle. Une telle découverte est fondamentale car elle permet de resituer l'emplacement d'origine de la dalle des chevaliers et du pilier carolingien qui contenait la capsa où l'abbé a effectivement fait des travaux. La seconde entrée surtout est très intéressante car elle se situe dans un petit réduit attenant à l'église, généralement désignée sous le nom de *pièce secrète.*

Sur le côté de l'église qui donne sur le jardin existe une porte ancienne, probablement l'ancienne entrée de la chapelle seigneuriale d'origine. À l'occasion de la transformation de l'église, celle-ci fut allongée et son entrée se situa dans un premier temps sur l'arrière qui communiquait alors avec une des places du village. Lorsque le presbytère fut construit au XVIIIème siècle sur cet emplacement, une entrée latérale fut réalisée, toujours à l'arrière, qui correspond à l'entrée actuelle. La porte primitive, dite *porte des seigneurs,* fut réutilisée pour donner accès à une petite pièce construite à l'extérieur, la sacristie. Juste à côté de cette sacristie, l'abbé fit réaliser une minuscule pièce en forme de quart de rond : la fameuse *pièce secrète*. Celle-ci doit son nom au placard de la sacristie dont le fond est amovible pour y donner accès, constituant ainsi un passage secret. Cette pièce est pour le moins mystérieuse. Elle n'a pas d'usage connu, elle est trop petite pour que quiconque puisse s'y tenir debout, très exiguë et seulement éclairée par une petite lucarne en œil-de-bœuf, à tel point qu'on ne peut que se demander à quoi correspond son édification. Elle n'a en fait qu'une seule particularité : être posée sur l'une des entrées mise en évidence par Paul Saussez.

Voilà une découverte pour le moins troublante : l'abbé Saunière pouvait donc accéder à cette entrée à partir de la sacristie à son gré, sans que personne ne puisse s'en rendre compte. À l'occasion d'échanges à ce sujet avec Paul Saussez, je lui communiquai une photo que j'avais prise de l'intérieur de cette petite pièce où apparaît un arc de décharge.

Par chance, cette photo avait été réalisée avant que le sol de cette pièce ne fût recouvert par du sable, ce qui en remonte le niveau et en cache les détails intéressants. Ceux-ci ont été remis en perspective par Paul Saussez.

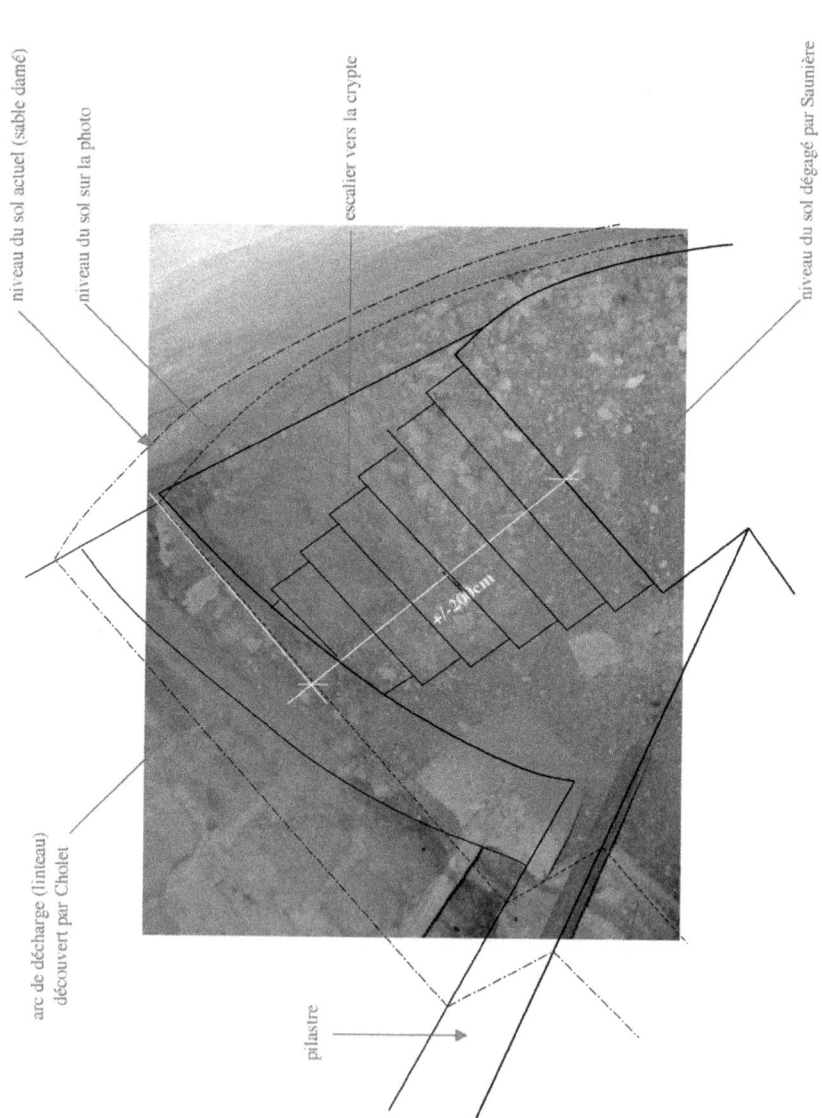

Sans aucun doute, la « pièce secrète » recèle bien une entrée vers un espace souterrain. L'abbé Saunière s'était clairement organisé pour y avoir accès à volonté... et en toute discrétion. Indubitablement, il avait trouvé là un trésor archéologique.

De tels éléments sont normalement de nature à faire ouvrir un chantier de fouilles. Malheureusement le contexte de l'affaire de Rennes-le-Château rend l'opération extrêmement délicate. Pour l'essentiel, la Direction Régionale des Affaires Culturelles Languedoc-Roussillon (D.R.A.C.) éprouve la plus vive méfiance à l'égard d'une telle opération bien qu'elle reconnaisse au site une valeur archéologique indéniable et que les éléments apportés par Paul Saussez soient parfaitement étayés. Mais l'expérience lui a appris à se méfier des chercheurs de trésor. L'Aude est, d'une manière générale, riche en patrimoine et la D.R.A.C. considère qu'il existe également d'autres priorités, à défaut, des objectifs moins risqués.

On peut difficilement lui donner tort. Il existe d'authentiques vandales que l'on désigne sous la locution anglaise de *tomb-raiders*, littéralement *pilleurs de tombes*, qui ne reculent devant aucun moyen pour arriver à leurs fins. Un éventuel chantier de fouilles devrait en conséquence bénéficier d'une haute protection. Par le passé, certains n'ont pas hésité à creuser des tunnels à partir de maisons alentour pour essayer de rejoindre cette crypte. L'un d'eux fut tout simplement écroulé de l'extérieur par des habitants du village qui avaient deviné la manœuvre : ils se mirent à trois et sautèrent simplement sur place à pieds joints ! Quand on vous dit que certains chercheurs, option taupe, n'ont peur de rien...

Parmi les « exploits » similaires relevés, on peut noter différentes tentatives de profanation de la tombe de l'abbé Saunière, quelques vols dont certains totalement imbéciles[204], quelques dégradations gratuites et sans avenir, plusieurs tentatives d'intrusions nocturnes dans l'église ou le domaine, causant parfois des dégâts, des tunnels qui minent des fondations... Ces exploits touchent même les communes avoisinantes : un tir d'explosif au château voisin du Bézu, la profanation de l'église de ce même village, des fouilles sauvages dans les environs de Rennes-les-Bains, dont le pillage en règle d'une nécropole antique.

---

(204) À titre d'exemple, dans les années quatre-vingt, on a volé la brouette de l'abbé. Le voleur devait avoir de sérieuses motivations pour réussir un tel exploit...

Bref, les craintes de la D.R.A.C. sont plutôt légitimes. Et si l'on a bel et bien là une piste sérieuse, il ne semble pas qu'un relais officiel l'emprunte à brève échéance. Il reste à espérer qu'aucun vandale ne réussisse un de ces coups dont ils sont si fiers, qui mettrait fin aux espoirs de compréhension de tous les autres chercheurs.

Chapitre 14

Les limites et les manques

Si tu sais observer, méditer et connaître
Sans jamais devenir sceptique ou destructeur ;
Rêver, mais sans laisser ton rêve être ton maître,
Penser sans n'être qu'un penseur ,[205]

---

[205] Ruyard Kipling, *If* .

Comme je l'annonçais au début de cette étude, je n'ai personnellement pas de vérité révélée à faire valoir. L'intérêt de mon travail repose essentiellement sur l'étude des carnets de l'abbé Saunière et il convient d'en envisager les limites.

La première concerne la période couverte par cette documentation : depuis 1895-1896 jusque vers 1910, 1915 ou 1917 selon les carnets. Le reste de mon étude repose sur quelques recherches personnelles, sur celles de mes confrères et sur l'aide qu'ont bien voulu m'apporter quelques esprits savants sur des points particuliers. D'évidence, certaines périodes sont encore mal documentées : la jeunesse de l'abbé, son ministère avant Rennes-le-Château et les dix premières années de celui-ci. D'autres éléments concernant la construction du mythe à partir des années 1950 seraient aussi bienvenus pour en éclaircir sa dynamique sociologique et psychologique.

La deuxième limite de ce travail concerne le matériel envisagé. La comptabilité, pour riche d'enseignements qu'elle soit, ne nous renseigne que sur des activités ayant donné lieu à des échanges financiers. La correspondance ne nous renseigne que sur les relations que l'abbé entretenait avec les personnes éloignées de lui, au moins temporairement. Certaines lettres font suite à des conversations et à l'inverse, certaines questions posées ont reçu des réponses de visu. Nous sommes donc dans l'ignorance de la plupart des relations directes, en face à face, qu'il pouvait entretenir, et de leurs implications.

La troisième limite concerne le caractère incomplet de la source documentaire. D'une part, cette correspondance, qui comprend des lettres qui peuvent faire plusieurs pages, est résumée par des phrases courtes et sibyllines qui constituent parfois des résumés saisissants. D'autre part, certaines lettres ne sont manifestement pas notées. Pierre Jarnac a publié 110 lettres du chanoine Huguet : un test de correspondance m'a montré que seulement 97% étaient notifiées sur les carnets.

Il convient aussi d'envisager certaines absences. Ceci est important pour plusieurs raisons, qui vont au-delà du simple intérêt méthodologique. Pour beaucoup de personnes, c'est le rêve qui constitue l'intérêt de cette affaire, ce qui explique probablement beaucoup des déviations dénoncées dans cet ouvrage. Or l'irrationnel intervient en complément de la rationalité, en priorité là où celle-ci ne peut s'exprimer faute d'éléments. Elle intervient ainsi pour combler notre ignorance avec une évidente fonction anxiolytique mais aussi ludique.

C'est ainsi que l'annonce de l'exhumation des carnets de l'abbé Saunière fut l'occasion d'accusations anxieuses et désabusées, en substance : *Vous allez casser le rêve*. Pour éviter une telle éventualité, certains furent à l'origine d'affirmations pour le moins étonnantes[206]. En partant du présupposé que ces carnets ne devaient avoir aucun intérêt pour l'étude de l'affaire, ils affirmèrent qu'ils étaient faux. Si l'on a bien compris le sens à donner à leur conclusion, on attend encore l'embryon d'une démonstration en la matière. Celle-ci s'annonce difficile car leur authenticité est bien étayée et reconnue.

D'autres, espérant avec constance que leurs constructions imaginaires pourraient échapper à une confrontation avec la réalité, élaborèrent différentes stratégies intellectuelles. Pour certains, l'abbé étant un ésotériste tenu au plus strict secret, il n'avait rien pu noter qui soit intéressant et l'on pouvait bien se demander quel plaisir mesquin j'éprouvais à aller m'enquérir de la facture de son rasoir et de son blaireau. D'autres exprimèrent directement leur présupposé idéologique face à l'évidence documentaire : *Faut-il pour autant tout ramener à une simple histoire de donations et de trafics divers (messes et autres…) comme nous l'y incite la documentation que nous avons à disposition pour trancher le mystère de la vie ? Ce serait là, nous en sommes certains, tomber dans un positivisme aveuglant*[207]. Pourquoi pas, mais est-ce là une bonne raison pour confondre l'étude des mystères de la vie avec la quête d'un éléphant rose ?

Pour ma part, avant de m'intéresser à ce qui n'était éventuellement pas porté dans les carnets, il m'a paru nécessaire de me pencher sur ce qui y était. Néanmoins, à l'analyse, certains manques sont effectivement apparus. Je n'ai retenu que ceux qui m'ont semblé être des absences systématiques.

La première est celle de toute relation avec ses banquiers. Si l'on voit

---

(206) Ces « discussions » eurent essentiellement lieu sur Internet qui est un média qui, d'expérience, favorise les excès. Il ne s'agit pas ici de s'en plaindre ni de dénoncer certains qui s'abritent derrière des pseudonymes mais d'envisager la signification de cet état de fait.
(207) Doumergue C. : – *L'affaire de Rennes-le-Château tome 1* – Arqua, 2006.

apparaître des correspondances entre l'abbé Saunière et certains établissements bancaires, il n'y est jamais question de la gestion de ses avoirs : virements, approvisionnements, dépôts. En particulier on ne voit pas une seule lettre adressée à la banque Auriol et fils qui, selon Pierre Jarnac, gérait ses affaires courantes[208]. Comme par ailleurs on ne voit pas non plus de correspondance avec la Caisse d'Epargne au sujet de sa rente de 20 000 francs, il est probable qu'il enregistrait ces échanges relatifs à ses mouvements financiers à part, peut-être en parallèle de sa comptabilité. De tels documents sont toujours inconnus à ce jour.

La première de ces absences systématiques n'est effectivement pas particulièrement propice à de grands rêves : il s'agit des revenus de son commerce de vins et alcools qui ne sont notés nulle part. C'est là un fait curieux, car nous avons pu voir à quel point l'abbé manifestait un souci maniaque de sa comptabilité.

D'une part, on le voit commander d'importantes quantités de rhum, généralement par fûts de soixante-dix litres avec une régularité quasi métronomique. À moins d'envisager que l'abbé ait eu une consommation supérieure à celle d'un poêle à mazout en plein hiver, il est clair qu'il en cédait au moins une partie sans qu'on en voit apparaître le règlement. D'autre part, il avait une activité viticole : on le devine plantant ses vignes, on le voit approvisionner le souffre, la bouillie, l'engrais, les barriques, se soucier des vendangeurs et parallèlement acheter son vin, jeune ou vieux, sans qu'on arrive à deviner où passe sa propre production.

En résumé, on enregistre facilement les dépenses occasionnées mais à aucun moment les bénéfices ne sont notés. Peut-être est-ce le fruit d'un accord particulier avec des personnes de sa famille qui tenaient des débits de boisson comme son beau frère, Oscar Pagès, ou son frère Alfred, qui fut le créateur du Grand Café d'Espéraza et avait, lui aussi, une activité de producteur viticole. Cette activité semble durer de 1897 à 1907 et prendre fin avec la crise viticole due au phylloxera.

C'est Antoine Captier qui m'a fait prendre conscience d'une autre ab-

---

[208] Je n'ai pas pu déterminer si Edouard Auriol avait un lien de parenté avec cette banque. A priori il semble être un commerçant ou un entrepreneur aisé et non un banquier. Il n'apparaît pas comme ayant des relations avec la ville de Perpignan où était situé cet établissement.

sence systématiques dans les carnets de correspondance : les courriers en sa possession signés *Le Vieux*[209]. Ce correspondant semble avoir agi avec l'abbé Saunière à la manière d'un directeur de conscience et ce qui m'a semblé curieux, c'est que l'ensemble de ses lettres étaient ignorées. En effet, à l'exception d'une mention dans la description d'un courrier à Rouanet[210] (*annonce visite du vieux*), voilà un personnage qui semble à la fois proche et étonnamment ignoré.

Fondamentalement, une société secrète est une association de personnes qui respectent entre elles des règles de discrétion. Elle peut avoir des buts différents : initiatiques telle la franc-maçonnerie, mais aussi politiques (conspiration), illégaux (mafias), militaires (la résistance), religieux (les chrétiens persécutés) sans compter les sociétés à buts mixtes (Carbonaris, Opus Dei) etc. Au niveau de la signification, l'omission des courriers du Vieux peut prêter à des interprétations intéressantes. D'une part, parce que la relation n'est pas univoque entre Bérenger Saunière et Le Vieux : elle introduit un troisième personnage, ce qui suppose un embryon de groupe. D'autre part, comme nous l'avons vu, l'abbé Saunière ne se faisait pas de secret à lui-même. Il n'imaginait certainement pas son destin posthume, ni le fait que l'ensemble de ses carnets seraient retranscrits sous la forme d'une base de données pour être livrés à une étude approfondie. Aussi, quand l'évêché lui demande sa comptabilité pour percer ce qui est finalement son vrai secret, la solution qu'il adopte est de nier son existence. L'abbé n'a pas eu recours aux artifices du secret pour lui-même et, si on admet qu'il ne nota pas les correspondances du Vieux, c'est que l'idée ne venait pas de lui mais du mode de relation qui s'était établi entre les membres du groupe : les prémices d'une société secrète...

Néanmoins cette démonstration a de grandes faiblesses. Trois personnes, Bérenger Saunière, Le Vieux, Rouanet, c'est un peu juste pour définir une société, au moins selon la définition qu'en donne Georges Brassens dans une de ses chansons. L'ensemble des courriers du Vieux qui nous sont parvenus sont au nombre de trois eux aussi. Si l'absence est effectivement systématique, elle porte sur un nombre de lettres trop limité. Ceci dit, le principe de cette démonstration est intéressant en lui-même et d'autres élé-

---
(209) Ces lettres sont reproduites en annexe 8.
(210) Carnet de correspondance : 13 février 1907.

ments s'y prêtent bien mieux : les courriers muets.

Les courriers muets sont des lignes quasiment vierges que l'on retrouve sur les carnets de correspondance. On pourrait penser de prime abord qu'il s'agit d'oublis si l'abbé n'y notait pas les lettres E ou R (Envoyé ou Reçu) et la date : ces lignes correspondent bien à des courriers mais l'abbé a omis de préciser le nom de ses correspondants et le sujet de leurs missives.

D'autre part il apparaît clairement en 1912 qu'il s'agit d'oublis volontaires : l'abbé commence par noter la ligne suivante avant de se reprendre et de la laisser délibérément vierge. *Ou* pour Ouvroir, *Or* pour Orphelinat et *Soe* pour Sœurs. On comprend que l'abbé a voulu garder mémoire de l'expédition de ces courriers et dans le même temps se prémunir contre une très improbable indiscrétion de sa part. Le nombre de ces correspondants est cette fois suffisamment élevé pour être qualifié de société.

Ainsi, contre toute attente, l'abbé est apparemment en relation avec des personnes organisées en société secrète.

Je ne doute pas un instant que certains feront naître de cet embryon de démonstration de véritables baobabs ésotériques. Aussi, au risque de me répéter, il est beaucoup plus probable que nous soyons face à une groupement de prêtres, qui ont adopté un comportement plus ou moins clandestin pour des raisons politiques, plutôt que face à une improbable société d'initiés.

En particulier il convient de se poser la question de la relation entre trois éléments mis en évidence précédemment. Cette société secrète peut-elle être confondue avec le réseau des financiers ou s'agit-il de deux réseaux distincts, répondant à des préoccupations différentes de la part du même prêtre ? L'un ou l'autre de ces réseaux est-il à l'origine des déboires de l'abbé Saunière ?

Si le fait me semble correctement avéré, il convient néanmoins de rester prudent quant à son interprétation.

Chapitre 15

Dernières mises en garde

Le sorcier noir sentenciait à l'office :
le monde est comme une pirogue qui, tournant et tournant,
ne saurait plus si le vent voulait rire ou pleurer...[211]

---
(211) Saint-John Perse, *Eloges*.

L'affaire de Rennes-le-Château peut dorénavant sembler bien creuse, farfelue, juste bonne à satisfaire le besoin d'imaginaire de certains. Pourtant, régulièrement, la réalité dépasse la fiction et il n'est pas difficile d'illustrer cet adage par un exemple directement tiré des carnets.

Le milieu des chercheurs de trésors constitue un groupe de sociabilité débonnaire. On y échange des informations, on y tient des banquets, on s'y connaît bien, souvent on s'y fréquente en famille... Pourtant, ne nous leurrons pas, ce milieu a une face sombre. Un vieux dicton ne dit-il pas : *Lorsque deux chercheurs trouvent un trésor au fond d'un trou, l'un des deux reste au fond du trou.* La fièvre de l'or peut être particulièrement virulente chez ces personnes. Sans en arriver à ces extrémités, il arrive que certains montent des coups d'une ingéniosité remarquable. C'est l'un de ceux-là qui est apparu lorsque j'étudiais les carnets de correspondance. Il restera probablement dans les annales pour s'être déroulé littéralement sous les yeux de tout le monde sans que personne, ou presque, n'y ait rien compris à l'époque. Mais pour bien le comprendre, il faut le remettre en perspective par un exemple qui va nous conduire en 1885, à Lynchburg, Virginie, Etats-Unis.

Cette année-là paraît un court opuscule de vingt-trois pages, *The Beale Papers*, dont l'auteur est anonyme. Il raconte une belle histoire, pleine de trésors, d'aventures, de secrets et de gens honnêtes comme on n'en fait plus. Elle commence en 1820, lorsqu'un certain Robert Morriss, tenancier d'un hôtel, reçoit la visite d'un énigmatique Thomas J. Beale. Venu à cheval de nulle part, l'homme passera l'hiver en pension avant de repartir au printemps. Il revient en 1822 et, comme de bonnes relations se sont nouées entre les deux hommes, il décide avant son nouveau départ de confier à son hôte une boîte métallique fermée à clé, qu'il reviendra chercher ultérieurement, lui ou un ami. Il repart pour ne jamais revenir mais se signalera une dernière fois par une lettre où il donne des directives concernant cette boîte : *Elle renferme des papiers d'une importance capitale pour ma fortune et celle de beaucoup d'autres qui sont en affaire avec moi [...] si aucun de nous ne se manifeste, gardez la boîte à l'abri pendant dix ans à compter de cette lettre et si, à l'issue de cette période, ni moi ni aucune autre personne envoyée par moi n'en a demandé la restitution, vous l'ouvrirez [...].*

Vous découvrirez en plus de papiers à vous adressés, d'autres papiers incompréhensibles sans l'aide d'une clef. J'ai confié cette clef à un ami ici, dans une enveloppe scellée à votre adresse, et en mentionnant qu'elle ne soit pas acheminée avant juin 1832. Vous apprendrez alors tout ce que vous aurez à faire. On ne fait pas plus urbain...

Cette dernière lettre n'arriva jamais, et l'honnête Morriss attendit 1845 pour forcer la serrure de la boîte. Elle contenait en particulier trois feuillets cryptés, connus depuis sous le nom de *chiffre de Beale* et une petite notice explicative. En 1817, un groupe d'une trentaine de chasseurs de bisons découvrit de l'or au hasard d'une halte. Ils décidèrent d'exploiter le filon et, le magot prenant un volume forcément considérable, Beale fut chargé d'aller cacher un dépôt d'une valeur de vingt millions de dollars, une somme toute aussi faramineuse pour l'époque que celle prêtée à Bérenger Saunière par la légende. C'est au cours de ces missions qu'il en vint à fréquenter l'hôtel de Morriss, ayant enterré le pactole à quelques miles de là.

Morriss aurait tenté de résoudre l'énigme de ces parchemins jusqu'à l'âge de quatre-vingt-quatre ans. En 1862 il aurait confié les principaux éléments de l'énigme à l'auteur anonyme de la brochure, qui lui-même aurait passé plus de vingt ans à les étudier, avant de livrer l'histoire au grand public par le biais de sa notice afin de *décharger [ses] épaules de [sa] responsabilité envers M. Morriss*. Néanmoins, l'auteur anonyme livrait le décodage du deuxième chiffre qu'il avait réussi à briser. Rendra-t-on un jour hommage à son abnégation ?

J'ai déposé dans le comté de Bedford, à quatre miles environs de Buford, dans une excavation ou caverne à six pieds au-dessous du sol, les choses suivantes, appartenant aux personnes dont les noms figurent sur la page ci-jointe : le premier dépôt, de novembre 1819, consiste en mille quatre cent quatorze livres d'or et trois mille huit cent douze livres d'argent. Le second fut fait en décembre 1821 et consiste en mille neuf cent livre d'or et mille deux cent quatre-vingt-huit livres d'argent ainsi que des bijoux échangés à Saint Louis contre l'argent pour en simplifier le transport et estimés à 13.000 dollars. Les biens ci-dessus sont enfermés à l'abri dans des récipients de fer, munis de couvercles de fer. La caverne est grossièrement tapissée de pierres et les récipients sont posés sur un bloc de pierre et couverts par d'autres. La feuille n°1 décrit l'emplacement exact de la caverne, afin qu'elle puisse être trouvée sans difficulté.

Le fond de l'affaire tient à un problème de cryptographie : le code utilisé est constitué de listes de chiffres en relation avec la fameuse clef, généralement un texte imprimé sur lequel les parties, l'émetteur et le destinataire, se sont mis d'accord. Les chiffres indiquent le numéro des mots dont il faut prendre la première lettre par convention. Le second code, celui qui est livré en clair, avait pour clef la constitution des Etats-Unis, texte facile à trouver pour tous. Les deux autres papiers comportent des chiffres approchant trois mille alors que la constitution américaine dans cette version n'en comporte que 1322. Ils sont donc cryptés selon une autre clef qui n'a jamais été trouvée depuis.

Tant qu'on n'aura pas identifié la clef, le texte qui sert de référence, ce système est littéralement incassable, même avec des moyens informatiques modernes. C'est à peine s'il existe une méthode capable de préciser si derrière les nombres se cachent des mots réels, ou si les chiffres sont aléatoires et servent à piéger le cryptanalyste. Dans le cas qui nous intéresse, il y a des mots réels derrière le code... mais celui-ci tient toujours et est resté inviolé malgré les efforts de professionnels chevronnés.

Cette affaire présente des analogies avec l'affaire de Rennes-le-Château. Le trésor n'a jamais été officiellement trouvé. En conséquence, l'affaire a elle aussi connu de nombreux débordements explicatifs, en particulier des accusations contre les services secrets américains, la NSA, qui saurait (?) mais se refuserait à l'avouer au nom d'une énième conspiration ! De nos jours encore, dans les environs de Lynchburg, des agriculteurs voient régulièrement leurs efforts partir en fumée du fait de dynamitages inopportuns...

L'affaire eut un grand succès populaire. Des passionnés y consacrèrent leur vie et nombreux sont ceux qui cherchent encore de nos jours dans le comté de Buford. Cette affaire est d'ailleurs tout aussi ambiguë que celle qui nous intéresse. Morriss exista réellement, et contre toute attente, Beale est un personnage dont l'existence est attestée. Des indiens de tribus locales témoignèrent que certains de leurs ancêtres avaient travaillé à l'exploitation d'une mine d'or, mine dont on a depuis perdu la trace. A contrario, le second chiffre de Beale, celui qui est décodé contient le mot anglais

« *stampede* » qui n'apparut qu'en 1844. Une analyse sémantique prouva que l'auteur des lettres de Beale et l'auteur de la brochure de vingt-trois pages étaient très probablement les mêmes. Là aussi un faussaire semble s'être glissé dans l'affaire.

Pourtant, dans les milieux des chercheurs de trésor, cela fait belle lurette que personne ne se fait plus aucune illusion sur ce qui s'est réellement passé. Un individu était manifestement confronté à un problème de code. Il inventa une belle histoire, fût-elle à dormir debout. Il inventa de toute pièce le second code qu'il déchiffra lui-même, histoire d'appâter les curieux, et glissa au milieu du tout seulement une petite partie du code, réel, qui lui posait un problème. Sa brochure de vingt-trois pages correspond à une question : *Quelqu'un dans la foule aurait-il l'obligeance d'identifier cette clef pour moi ?* ». Ou, autre version possible : « *la personne qui détient la clef, elle saura se reconnaître, aurait-elle l'obligeance de se mettre en rapport avec moi ?* ». Est-ce que cela avait seulement quelque chose à voir avec un trésor ?

La morale de cette aventure, mis à part qu'il faut parfois se méfier des gens qui écrivent de belles histoires, c'est qu'une énigme de ce type peut être connue du grand public, intéresser des gens parfaitement compétents, recourir à des moyens disproportionnés, durer plusieurs décennies... et n'être foncièrement comprises que par un petit nombre de personnes, peut-être même une seule : l'auteur de la brochure, celui qui est resté soigneusement anonyme.[212]

Je soupçonne un auteur d'avoir produit un ouvrage de la même eau à Rennes-le-Château : il s'agit de Patrick Ferté[213]. Son livre repose sur quelques faits établissant une vague relation entre l'affaire de Rennes-le-Château et la Normandie puis, l'intérêt étant suscité, par un jeu de rapprochement particulièrement imaginatif, l'auteur cherche à étayer ses thèses sur un décryptage très personnel de l'œuvre de Maurice Leblanc. En réalité, je le soupçonne de prêcher le faux, fût-ce par l'absurde, pour savoir le vrai à propos de cette *piste normande*.

---

(212) Sur le chiffre de Beale ainsi qu'une initiation claire et agréable à la cryptographie dans son ensemble : Singh, S : *Histoire des codes secrets* – Lattès, 1999.
(213) Ferté, P : – *Arsène Lupin, Supérieur Inconnu, la clé de l'œuvre codée de Maurice Leblanc* – Guy Trédaniel, 1992.

À propos de Normandie, revenons-en à nos moutons. En septembre 1905, Bérenger Saunière apprend le décès de son frère, mort dans la maison familiale de Montazels. Dans son carnet de correspondance, on le voit alors annoncer la nouvelle à ses proches et ces circonstances difficiles nous permettent une fois de plus de connaître ses proches : les abbés Gazel, Gachem, Sarda, Emma Cazal et Edouard Auriol.

Dans les jours qui suivent, il se fait adresser *la ceinture et les adresses* de son frère[214] et entame une nouvelle correspondance pour annoncer le décès. Les personnes à qui il écrit les jours qui suivent ne sont jamais apparues dans sa correspondance et n'y reparaîtront jamais : il s'agit clairement d'annoncer la nouvelle aux proches de ce frère, soit une vingtaine de personnes.

Parmi celles-ci, trois prêtres homonymes retiennent forcément l'attention : les curés de Appenay-sur-Bellême, de Coulimer et de Neuvy-au-Houlme, les trois frères Cholet, les trois oncles de l'auteur du fameux rapport, Jacques Cholet.

Cette étonnante découverte nous permet de deviner l'origine de ces fameux et mystérieux documents : il s'agit d'une origine familiale, la correspondance de l'étrange Alfred Saunière avec des prêtres qui lui étaient proches. On comprend aussi, avec de telles références familiales, l'étonnante et rapide confiance que lui a immédiatement accordée l'évêché de Carcassonne, en lui donnant une autorisation de fouille de l'église de Rennes-le-Château.

Cet épisode, mis en évidence par les carnets de correspondance, nous pose une étrange question : que fait quelqu'un en possession de cette correspondance lorsque la rumeur publique fait état d'un trésor fabuleux dans l'église ? Elle opère des fouilles qui se dirigent immédiatement vers la crypte et les tombeaux. Si elle opère publiquement, au nez et à la barbe de tous, elle le fait sous des motifs clandestins que seule une autre personne semble avoir devinés : celle qui a posé le madrier sur la porte de l'église et a délibérément tenté de tuer ce concurrent.

Il aura fallu cinquante ans pour comprendre l'origine réelle de ces fouilles et le mobile de cette tentative de meurtre. La fièvre de l'or peut

---

(214) Carnet de correspondance : le 20 septembre 1905.

être une maladie redoutable chez les chercheurs de trésors, fussent-ils seulement deux à comprendre réellement ce qui se passe au nez et à la barbe de tout le monde.

Comme le dit la sagesse populaire des chercheurs de trésors : *un de trop au fond du trou, c'est toujours un de trop.*

La fontaine de Montazels © Octonovo

Conclusion

C'est par la seule pensée que mon esprit se meut,
C'est par l'élixir de Sapho que la pensée s'accélère ,
Les lèvres se tachent et les taches deviennent mises en garde.
C'est par ma seule volonté que mon esprit se meut.[215]

---

(215) Frank Herbert, *Dune*.

Au risque de vous décevoir une dernière fois, il me faut vous avouer encore que l'histoire qui précède n'est pas, à proprement parler, vraie. Et au risque de vous surprendre, il me faut aussi répéter qu'elle n'est pas non plus réellement fausse. Un dernier paradoxe en forme de clin d'œil car, finalement, le succès de l'affaire de Rennes-le-Château semble surtout tenir à son pouvoir sur notre imaginaire insatiable et, en définitive, à son aspect ludique, bien qu'elle repose sur des faits réels.

Curieusement, cette affaire qui passionne tant le grand public et qui a donné naissance à tant d'ouvrages, n'a été abordée, à ce jour, que dans deux mémoires de maîtrise. Évidemment, les personnes qui aspirent au sérieux pourraient être déçues devant un tel constat. Pourtant, de nombreuses études susceptibles d'intéresser des esprits positifs mériteraient d'être menées.

En premier lieu, de nombreux axes de recherches s'offrent à l'historien.

Les vestiges archéologiques de Rennes-le-Château notamment méritent d'être davantage explorés. Ils présentent un réel intérêt pour la connaissance de l'histoire de la région, depuis son peuplement primitif jusqu'au Moyen-Âge, en particulier le haut Moyen-Âge.

En outre, la vie de Bérenger Saunière fournit un excellent témoignage sur cette période de profondes mutations de la société que fut la Belle Epoque, mutations qui n'allaient pas de soi et suscitèrent de nombreuses oppositions. Certaines, qui n'eurent finalement pas d'influence sur notre quotidien, restent néanmoins à préciser pour une bonne compréhension de l'affaire de Rennes-le-Château.

Enfin l'épiphénomène du Prieuré de Sion reste à analyser en profondeur, dans la mesure où il est finalement assez représentatif du fonctionnement réel de ces fameuses sociétés secrètes, aux discours flamboyants et aux réalités inavouables, aux aspirations holistiques et aux tribulations oiseuses.

En second lieu, Rennes-le-Château devrait intéresser psychologues et sociologues en raison de sa propension à créer et diffuser des mythes modernes. Que l'on étudie des mythes proprement initiatiques, leur plasticité selon le temps et le lieu, ou que l'on se consacre à des mythes qui rencontrent un succès planétaire (dont on analyse la constitution et la diffusion) on peut, dans l'affaire de Rennes-le-Château, rencontrer des témoins vivants de ces aventures et consulter une documentation abondante.

Enfin, puisque l'affaire a un tel impact sur l'imaginaire collectif et rencontre un tel succès populaire, sachons aussi profiter de la légende et nous laisser aller, chaque été depuis maintenant plus de cinquante ans, à la magie du lieu.

Tâchons d'être sages à l'avenir et amusons-nous bien.

TABLE DES MATIÈRES

Préface par Antoine Captier 7
Introduction 11
Chapitre 1 - La belle histoire 15
Chapitre 2 - Il était une fois... 29
Chapitre 3 - Aux origines du Prieuré de Sion 39
Chapitre 4 - Le Prieuré de Sion et Rennes-le-Château 51
Chapitre 5 - La véritable vie de l'abbé Saunière 67
Chapitre 6 - La belle époque 73
Chapitre 7 - Les comptes de l'abbé Saunière 83
Chapitre 8 - Le réseau de financement de l'abbé Saunière 89
Chapitre 9 - Les financiers de l'abbé Saunière : les hypothèses 99
Chapitre 10 - Le procès 109
Chapitre 11 - Les relations 119
Chapitre 12 - Esotérisme et occultisme 129
Chapitre 13 - Un trésor ? 141
Chapitre 14 - Les limites et les manques 151
Chapitre 15 – Dernières mises en garde 159
Conclusion 167
Index nominem 173
Bibliographie 179
Annexes (source www.octonovo.org) 185
Annexe 1 – Trois rapports d'architectes 187
Annexe 2 – Suspension du traitement de l'abbé 190
Annexe 3 – Cryptogramme du Sôt Pêcheur 191
Annexe 4 – Excursion à Rennes-le-Château en 1908 193
Annexe 5 – L'histoire racontée par Noël Corbu 198
Annexe 6 – Le Franc-Or 204
Annexe 7 – La notice Laborde sur Mgr Billard 208
Annexe 8 – Lettres du « Vieux » 222
Annexe 9 – Les voyages de l'abbé Saunière 231

Index Nominem

A

Alacoque, Marguerite-Marie 101
Alquier 87
Amadou, Robert 46, 47
Ambelain, Robert 46, 47
André, Francis 123
Aribaud, Pierre 134
At 102, 120
Audiard, Michel 39
Auriol Edouard 125, 126, 154, 164

B

Bacquiès, J. 128
Baigent, Michael 35, 40, 62, 64
Bardot, Brigitte 33
Barrès, Maurice 20
Barret, Charles 87
Beale, Thomas J. 160, 161, 162, 163
Bedu, Jean-Jacques 49, 70, 84
Belcastel 101
Bénazeth, Jean 102
Bessonnet-Favre 123
Bieil 20
Billard, Félix-Arsène 16, 19, 22, 23, 26, 120, 121, 122, 124,
       133, 200, 208 à 221
Blanc-Delmas, Germain 34
Blanche, Francis 54, 89
Blériot 87
Blois, Jules 20
Boissin, Firmin 137
Bonnafous 55, 87
Boudet, Henri 37, 55, 122, 123, 124, 127, 131, 132
Bouichère 126
Boullan 52
Bot, Elie 88, 124
Brassens, Georges 155
Brétigny, Jacques 52, 61
Breton, André 54
Brizieux, Auguste 46
Buthion, Henri 69

C

Cagliostro 52
Caignet, Michel 62
Calvé, Emma 20, 25, 125
Captier, Antoine 30, 32, 70, 86, 87, 103, 107, 110, 113, 126,
    135, 143, 144, 154
Carrière 144
Cavailhe 90
Cazal 90, 125, 164
Chaumeil, Jean-Luc 53, 61, 62
Chernoviz, F. 87
Cholet, Jacques 145, 146, 164
Choloux, Jérôme 91
Corbu, Claire 31, 32, 70, 86, 87, 107, 109, 113, 144
Corbu, Noël 9, 31, 32, 33, 37, 60, 69, 107, 142, 198, 202
Coston, Henri 42, 47, 48
Cros 102, 144

D

D'Hulst 136
Dan Brown 40, 64
Dagobert II 56, 58
Daladier, Edouard 43
De Beauséjour 26, 122, 200, 201
De Bérulle, Pierre 100
De Bouillon, Godefroy 26
De Brinon, François 42, 43, 47
De Castille, Blanche 33, 37, 202
De Cazemajoux 16
De Chambord, Henri 19, 75
De Cherisey, Philippe 52, 54, 55, 60, 61, 64
De Gaulle, Charles 49
De Koker, Gaston 58
De La Ligerie 55
De Lapasse 137
De Saint-Germain 52
De Saint-Martin, Louis-Claude 47
De Sède, Gérard 15, 20, 26, 28, 35, 36, 37, 40, 48, 53, 54,
    60, 61, 62, 101, 121, 122, 123, 124, 130, 131, 139, 144, 191, 192
De Sède, Sophie 35, 55, 61
De Vernet, Henry 145
De Wittelsbach, Elisabeth 76
Debussy, Claude 20, 125

Defretin-Séverin 126
Deloux, Jean-Pierre 52, 53, 61, 62, 123
Delsol, Anne 145
Denarnaud, Barthélémy 84, 90
Denarnaud, Guillaume 84, 90
Denarnaud, Marie 9, 21, 28, 31, 32, 65, 69, 104, 106, 125, 126, 138, 200, 202
Descadeillas, René 35, 36, 60, 69, 84, 145
Di Robilant, Roberta 97
Dodier 87
Doinel, Jules 52, 137, 138
Doumergue, Christian 65, 153
Dreyfus 76
Dubois, Dominique 46, 135
Dujardin-Beaumetz 25, 76, 125, 212

E
Eiffel, Gustave 101
Estieu, Prosper 138

F
Fabre, Firmin 124
Falloux, Jean 45
Faraco, Pascal 111
Fasquelle 87
Fatin, Marius 55, 58, 60, 123
Fatin, Henry 55
Faÿ, Bernard 42
Féral, Alain 65
Ferté, Patrick 163
Feugère, Pierre 58
Fons, Auguste 125, 144
Fons, Julie 126

G
Gachem, Louis 126, 164
Gally, Alfred 87
Galtier, Gérard 30, 103, 136
Gaudissard 111
Gautier 87
Gazel, Louis 90, 102, 110, 126, 164
Gélis, Antoine 144
Giscard, Joseph 131, 133, 137
Gontharet, Joseph 102

Grassaud, Eugène 110, 126
Grévy, Jules 75
Guilhabert de Castres 137

H
Habsbourg, famille 25, 37, 124
Hautpoul H. 145, 200
Hisler, Anne Léa 47, 59
Hitler, Adolf 43
Hoffet, Emile 20, 125
Huguet 27, 115, 152

J
Jaixen, Julienne 97
Jarnac, Pierre 34, 55, 58, 60, 69, 70, 115, 121, 152, 154, 208, 217
Jean-Pierre, Thierry 50

K
Kapferrer, Jean-Noël 29
Kotska, Jean 137

L
Laborde 120, 208, 221
Laffite 87
Lautner, Georges 39
Le Cour, Paul 44, 46, 48, 101, 123
Le Fur, Louis 42
Le Vieux 155, 222
Leblanc, Maurice 66, 163
Leigh, Richard 35, 40, 62, 64
Léon XIII 74, 208, 220
Lethilleux 87
Lévêque, Geneviève 41
Lincoln, Henry 35, 40, 57, 62, 63, 64
Lhomoy, Roger 53
Louis XVII 57
Louis-Philippe 75
Lucain 36

M
Madonna 20
Mame, Alfred 87, 90
Marie, Franck 59
Mario, Prosper 102

Marrot Alexandrine 18
Marty, Henri Alexandre 102, 112, 113
Masson 87
Mensior, Patrick 30, 36, 70, 120, 146
Méric 87
Molinier, Jules 102
Moncharville, Henri 42, 44, 46, 48
Monti, Georges 48
Morriss, Robert 160, 161, 162

N
Naundorf, Karl-Wilhelm 57
Nègre d'Ablès, Marie 33

O
Ottavi, Martina 96, 114
Oudin 87

P
Pagès, Oscar 154
Paoli, Mathieu 61
Péladan 136
Pellet, Jean 144, 191, 192
Pétain, Philippe 42, 43, 49
Plantard, Pierre .... 40 à 50, 52 à 57, 59, 61 à 63, 101, 123, 133
Poussin, Nicolas 20, 66, 121
Puech, Monseigneur 145

R
Renan, Ernest 74
Rieu, Adeline 126
Rieu, Gustave 126
Rieu, Jacques 126
Rieu, Jean 126
Rieu, Joseph .... 12§
Rivière, Jacques 102, 106
Roché, Déodat 25, 138
Roger, R. 87
Rosa, Pastour 52
Rouanet, Paul 8, 107, 110, 111, 126, 135, 155
Roux, S. 58
Royer 87

S

Sabatier, Jacques	112, 124
Sadot, Francis	45
Saint-François-de-Sales	100
Saint-Maxent, Louis	58
Sandri, Gino	62
Sarda, Justin	90, 102, 127, 132, 164
Saunière, Alfred	55, 111, 154, 164
Saunière, Bérenger	7 à 231
Saussez, Paul	146 à 149
Savoire, Camille	45 à 48
Schidloff, Léo	58
Schlom le Noir	52
Sigebert IV	58
Sissi	76
Sœur Marie Alexina	97
Solomon, Albert	33
Stublein, Eugène	55, 60

T

Tallandier	87
Tessier, Elisabeth	41
Théron	102
Thomazeau, Maria	126
Thiers, Auguste	75

V

Vazard, Louis	57, 61
Verne, Jules	66, 74
Viannet, Jean-Marie	103
Vidal, J.	32
Vives	87
Von Hund	52

W

Weishaupt	51

Z

Zaepffel, Geneviève	41 à 46
Zaepffel, René	41

BIBLIOGRAPHIE

Baigent M., Leigh, R., Lincoln,H
- *The Holy Blood and The Holy Grail* – Londres, Jonathan. Cape Ltd, 1985
- *The Messianic Legacy* – Londres, Jonathan Cape Ltd, 1986

Bedu, J.J.
- *Rennes-le-Château, autopsie d'un mythe* – Editions Loubatière, 2002
- *Les sources secrètes du Da Vinci Code* – Monte-Carlo, Editions du Rocher, 2005

Blanc-Delmas G.
- *Chronique sur Rennes-le-Château, Marie d'Etienne, le trésor oublié* – Editions envolées, 1998

Bordes R.
- *Des mérovingiens à Rennes-le-Château, réponse à Messieurs Plantard, Lincoln, Vazard et Cie* – Rennes-les-Bains, Philippe Schrauben éditeur, 1984

Boudet H.
- *La Vraie Langue Celtique et le Cromleck de Rennes-les-Bains* – Carcassonne, Bonnafous, 1886 ; réédition en fac similé Œil du Sphinx, 2006

Brétigny J. et Deloux J.P.
- *Rennes-le-Château, capitale secrète de l'histoire de France* – Atlas, 1982, réédition Pégase, 2006

Brown D.
- *Da Vinci Code* – Lattès, 2004

Burrus L.
- « Faisons le point... » – *Semaine catholique genevoise* – 22 octobre 1966

Charbonnier, A.
- *Milosz, l'étoile au front* – Dervy, 1993

Chaumeil J.L.
- « Les archives du Prieuré de Sion » – *Le Charivari*, octobre 1973 ; réédition Pégase, 2006
- *Le Triangle d'Or, le secret des Templiers* – Alain Lefeuvre, 1979

Corbu N.
- *Le mort cambrioleur* – Imprimerie du midi – 1943 ; réédition Œil du Sphinx, 2005

Corbu C. et Captier A.
- *L'héritage de l'abbé Saunière* – Editions Bélisane, 1985

Crouquet R.
- « Rennes-le-Château, autrefois capitale du comté de Razès, aujourd'hui bourgade abandonnée » – *Le Soir Illustré*, février 1948

De Rosnay F.
- *Le Hiéron du Val d'Or* – Paray-le-Monial, 1900

De Sède G.
- *Les Templiers sont parmi nous* – J'Ai Lu, 1962
- *L'Or de Rennes, ou la vie insolite de Bérenger Saunière, curé de Rennes le château* – Paris, Julliard, 1967 ; réédition Œil du Sphinx, 2007.
- *La race fabuleuse* – J'ai Lu, 1973
- *Le vrai dossier de l'énigme de Rennes : Réponse à M. Descadeillas* – Editions de l'Octogone, 1975
- *Rennes-le-Château, le dossier, les impostures, les phantasmes, les hypothèses* – Paris, Robert Laffont, 1988

De Sède G. et de Sède S.
- *L'Or de Rennes ou la vie insolite de Bérenger Saunière, curé de Rennes-le-Château. De quel trésor provenaient ses fabuleuses ressources ?* – Paris, Julliard, 1967 ; réédition Œil du Sphinx, 2007

Descadeillas R.
- *Rennes et ses derniers seigneurs, 1730-1820. Contribution à l'étude économique et sociale de la baronnie de Rennes (Aude) au XVIIIème siècle* – Toulouse, Privat, 1964 ; réédition Pégase, 2007
- *Mythologie du trésor de Rennes. Histoire véritable de l'abbé Saunière, curé de Rennes-le-Château* – Mémoire de la Société des Arts et Sciences de Carcassonne, 1974

Doumergue C.
- *L'affaire de Rennes-le-Château tome 1* – Arqua, 2006

Dubois D.
- *Rennes-le-Château, l'occultisme et les sociétés secrètes* – Œil du Sphinx, 2005

Ferté P.
- *Arsène Lupin, Supérieur Inconnu, la clé de l'œuvre codée de Maurice Leblanc* – Guy Trédaniel, 1992

Galtier G.
- *Maçonnerie Egyptienne, Rose-Croix et Néo-Chevalerie* – Monaco, les Editions du Rocher, 1994
- « Un témoignage sur Rennes-le-Château dans les années 1930 : L'itinéraire en terre d'Aude de Jean Giroud » – *Pégase* n°14, 2006

Joseph Gilbert
- *Fernand de Brinon, l'aristocrate de la collaboration* – Paris, Albin Michel, 2002

Jarnac P.
- *Histoire du Trésor de Rennes-le-Château* – Nice, Bélisane, 1985
- *Les Archives de Rennes-le-Château, tome 1* – Nice, Bélisane, 1987
- *Les Archives de Rennes-le-Château, tome 2* – Nice, Bélisane, 1988
- *Mélanges Sulfureux 1,2 et 3* – Couleur Ocre, 1994-95
- *Les archives de l'abbé Saunière**, cent lettres reproduites d'après les originaux mises en ordre et commentées par Pierre Jarnac* – Collection couleur Ocre

Kapferrer J.N.
- *La rumeur, le plus vieux média du monde* – Paris, Poche pluriel, 1987

Laurant J. P.
- *L'ésotérisme Chrétien en France au XIXème siècle* – Paris, L'Age d'Homme, 1992

Le Forestier, R.
- *L'occultisme et la Franc-Maçonnerie écossaise* – Librairie académique Perrin, 1928

Lignon M.C.
- « Gérard De Sède, Notes biographiques » – Œil du Sphinx, *Actes du colloque d'études et recherches sur Rennes-le-Château 2005*

Lincoln H.
- *La clé du mystère de Rennes-le-Château* – Pygmalion, 1998

Marie F.
- *Rennes-le-Château, étude critique* – Vérités Anciennes, 1978

Mensior P.
- *L'extraordinaire secret des prêtres de Rennes-le-Château* – Les 3 spirales, 2001
- *Parle-moi de Rennes le château* – Rennes-le-Château.doc, 2005

Paoli M.,
- *Les dessous d'une ambition politique* – Editeurs associés, 1973

Renan E.
- *L'Avenir de la Science, pensées de 1848* – Paris, Calmann-Levy, 1890

Roux S.
- *L'affaire de Rennes-le-Château, réponse à M. Lionel Burrus* – Chez l'auteur, 1966

Sabah L.
- *Une police politique de Vichy, le Service des Sociétés Secrètes* – Paris, Klincksieck, 1996

Saussez P.
- *... Au tombeau des Seigneurs...* – Arkeos sprl, 2004

Singh S.
- *Histoire des codes secrets* – Lattès, 1999

Tappa G. et Boumendil C.
- *Les cahiers de Rennes-le-Château, archives, documents, études, volume 1, cahiers 1*– Nice, Bélisane, 1997

Tirand P.
- *Loges et Francs-maçons audois, 1757-1946* – Carcassonne, Cercle philosophique et Culturel de Carcassonne, 2002

Valance G,
- *Histoire du Franc, 1360-2002* – Flammarion, 1996

Vazard L.
- *Abrégé de l'histoire des Francs, les gouvernants et rois de France* – Chez l'auteur, 1980

ANNEXES

Annexe 1

TROIS RAPPORTS D'ARCHITECTES

Reproduction de trois documents antérieurs à l'arrivée de Bérenger Saunière témoignant de l'état de l'église du village de Rennes-le-Château.

Rapport d'architecte - 1845

Rapport de l'architecte de la ville de Limoux sur l'état de l'église de Rennes.

Nous, architecte de la ville de Limoux soussigné, déclarant avoir procédé le 6 du mois courant à la vérification de l'église de la commune de Rennes, sur l'invitation à nous faite le 23 du mois dernier par M. le Maire et plusieurs membres du conseil municipal de la dite commune et avoir reconnu qu'aucune partie de l'édifice ne menace ruine comme paraissait le craindre l'autorité locale de la commune.

Nous pensons que la réparation de la toiture qui est dans un état complet de délabrement suffira pour garantir l'intérieur de l'église des gouttières qui se sont formées par le laps de temps à travers la voûte qui recouvre la nef et le chœur de l'église.

Notre opinion sur la solidité de l'édifice est basée sur l'état des murs qui sur aucun point n'ont perdu leur aplomb et sur l'état de la voûte où l'on ne remarque nulle part aucun mouvement.

Nous pensons encore que pour la conservation de la tour carrée servant de clocher, il est urgent d'en réparer la toiture et de le crépir sur les quatre faces extérieures avec du bon mortier.

Au moyen des réparations que nous venons d'indiquer et avec les réparations d'entretien nécessaires nous sommes d'avis que le bâtiment servant d'église aura une durée pour le moins aussi longue que celle qu'il a eue jusqu'à ce jour. Nous devons dire cependant, que toutes ces réparations ne sauraient jamais modifier l'intérieur de l'édifice dont la forme est disgracieuse et irrégulière surtout quant à la voûte.

Fait à Limoux le 25 Mars 1845.

Rapport d'architecte - 1853

Rapport sur l'état actuel de l'église de Rennes.

Nous, Guiraud Cals, inspecteur des édifices diocésains à Carcassonne, déclarons nous être rendu sur les lieux pour y examiner et vérifier le susdit édifice sur l'invitation à nous faite le 21 Octobre dernier par Monsieur le Préfet du Département de l'Aude.

L'église de Rennes ne se trouve point dans un état de dépérissement tel qu'il nous a été signalé. Cet édifice présente, il est vrai, une physionomie dangereuse mais le danger n'est que superficiel, nous ne devons pas par conséquent nous en préoccuper.

La voûte est irrégulière sur tous les sens, c'est-à-dire qu'elle présente des grands affaissements tant sur la coupe longitudinale que sur sa coupe transversale. Nous nous sommes scrupuleusement assurés de cet état de choses, et, nous avons reconnu que toutes ces sinuosités proviennent des tâtonnements qui accusent une grave ignorance de procédés de l'art de bâtir à cette époque. Cette construction est fort ancienne, nous pensons qu'elle remonte au VIII ou IX siècle. La pratique et l'intelligence manquaient aux ouvriers de cette époque, et principalement à ceux des villages reculés comme celui de Rennes. Aussi nous sommes nous portés à croire que toutes ces irrégularités proviennent de la mauvaise conjection des cintres. La preuve en est évidente, puisque le mur du Nord a gardé son aplomb primitif et qu'on ne remarque aucune lézarde sur toute la surface.

Le mur du midi est en surplomb de huit centimètres et quoiqu'on y remarque deux énormes contreforts postérieurs à la construction de l'église, nous croyons que ce mur a été construit tel qu'il est aujourd'hui puisque on ne voit aucune dislocation ni sur la voûte, ni sur le mur. Nous trouvons donc que cet édifice ne présente pas des dangers sérieux pour la sécurité publique.

Nous reconnaissons que l'église est trop petite pour une population de 500 âmes que contient la commune de Rennes. Quant à l'agrandissement, la disposition de l'église ne nous permet point d'ouvrir des baies pour y pratiquer ni chapelles ni bas cotés, le seul moyen d'agrandissement serait la construction de la tribune projetée, mais nous ne l'approuvons pas. L'église de Rennes présente non seulement des affaissements à la voûte mais encore une disposition d'un plan tout à fait irrégulier et bizarre. La tribune, les plâtrages et les crépissages qu'on se propose d'y faire ne modifieront jamais la physionomie irrégulière que présente l'intérieur, à ce point de vue seulement nous serions d'avis d'annuler toute sorte de projet d'agrandissement et d'embellissement et d'attendre que la commune eût assez de fonds pour parer à la construction d'une nouvelle église dont les dépenses pourraient s'élever à la somme de 4 500 francs environs.

Dressé par l'inspecteur diocésain soussigné à Carcassonne le 9 Novembre 1853.

Evêché - 1883

Nous, évêque de Carcassonne,

Vu en date du 1er Avril 1883, une délibération du conseil de fabrique de l'église de Rennes-le-Château, qui constate le mauvais état du clocher de l'église paroissiale, et qui, en l'absence de toute ressource pour le réparer, conclut à recourir au conseil général, de concert avec les membres du conseil municipal ;

Vu en date du 11 Février 1883, une délibération du conseil municipal de la dite commune, qui reconnaît non seulement l'urgence de la réparation du clocher lézardé sur les 4 faces mais encore celle que nécessitent les toitures du presbytère et de l'église ;

Vu que dans la délibération précitée du 11 Février 1883, le conseil municipal a approuvé à l'unanimité chaque article de ce devis et la proposition de M. le Maire de recourir au conseil général afin d'en obtenir un secours qui permit de d'exécuter ces différentes réparations et que serait de 697 francs, la commune s'étant en 1882, imposée une somme de 250 francs pour le même objet et ne pouvant aller au-delà ;

Constatant l'accord existant entre les deux conseils de la commune et de la paroisse pour appliquer un prompt remède au mal qu'ils signalent ;

Considérant que la situation exceptionnelle de cette localité assise sur un plateau élevé et aride la réduit à une pauvreté inévitable ;

Considérant qu'une contribution de 250 francs a déjà été votée par le conseil municipal pour commencer ces réparations urgentes ;

Sommes d'avis que le conseil général de l'Aude accueille favorablement la demande à lui adressée par les représentants légaux de Rennes-le-Château.

Fait à Carcassonne, le 17 Août 1883.

Pour Monseigneur, l'Évêque absent, Le Vicaire Général.

Annexe 2

SUSPENSION DU TRAITEMENT DE L'ABBÉ

Lettre du ministre des cultes à l'évêque de Carcassonne concernant la suspension de traitement de Bérenger Saunière (1885)

Paris, le 2 décembre 1885

Monsieur l'Evêque,

Les explications que vous m'avez fait l'honneur de me transmettre dans le but de justifier les 4 prêtres de votre diocèse et qui se sont compromis pendant la période électorale ne sont pas parvenus à modifier ma manière d'apprécier les actes relevés à leur charge, acte que vous (?), mais dont vous reconnaissez implicitement l'exactitude matérielle.

Comme, d'autre part, vous ne manifestez pas l'intention de répondre à mon désir de procéder par voie de déplacement pour prévenir des répressions méritées, il est aujourd'hui de mon devoir de sévir dans la limite de mes attributions disciplinaires.

Les titulaires dont les noms suivent seront donc privés des indemnités attachées à leur titre à dater du 1er décembre de la présente année,

Savoir :

MM Saunière, desservant de Rennes-le-Château ; Tailhan, desservant de Roullens ; Jean, desservant de Bourriège ; Delmas, vicaire d'Alet.

Agréez, Monsieur l'Evêque, l'assurance de ma haute considération.

Le Ministre de l'Instruction Publique, des Beaux Arts et des Cultes.

Annexe 3

LE CRYPTOGRAMME SOT PÊCHEUR

Lors de l'interview qu'il nous a accordé, M. Jean Pellet a bien voulut nous autoriser à reproduire sa version du cryptogramme sot pêcheur.

L'origine de ce cryptogramme est difficile à cerner. Gérard de Sède, dans son livre *L'Or de Rennes* (page 67), dit qu'il a été trouvé dans les papiers personnels de l'abbé Saunière. Selon d'autres, il aurait été trouvé lors de fouilles sous l'autel privé de l'abbé et pourrait lui être antérieur.

Bref, selon les uns, il s'agit d'un jeu d'esprit de l'abbé, qui prouve qu'il s'occupait entre autre de cryptographie, alors que selon d'autres il s'agit d'un des fameux parchemins qui mènent au trésor.

Il faut aussi remarquer que ce cryptogramme peut être utilisé pour déchiffrer un autre « parchemin » (le « *et factum...* ») qui est un faux avéré. Il n'est donc pas impossible que sot pêcheur soit lui aussi à ranger parmi les nombreux apocryphes relatifs à l'affaire.

Toujours est-il que ce cryptogramme semble efficace, car personne n'en a encore édité la solution. Pourtant, nombreux sont les chercheurs qui s'y sont essayés, ainsi même, toujours selon Gérard de Sède, que les services du chiffre de l'armée française.

CRYPTOGRAMME B.S

```
Y E H S Z N U M G L N Y Y Q F V H E N M Z F
P . S O T + P E C H E U R + A + L ' E M B Z
V O U C H U R E + D U + R H O N E , S O N Z
U P O I S S O N + S U R + L E + G R I L + F
L D E U X + P O I S + R E T O U R N A . U D
A M + M A L I N + S U R V I N T + E T + X H
A X + F O I S + L E + G O U T A + . C U Z
T I T . I L + N E + L U I + R E S T A + Q V
K U E + L ' A R E T E . + U N + A N G E + T
N V E I L L A I T + E T + E N + F I T + U O
Y N P E I G N E + D ' O R . A . S . C U R H
O V T S V K 7 A M S T I J P Z C K P F X K A
```

L'un des problèmes posés, concerne la mise en page car l'original a disparu. C'est M. Gérard de Sède qui le publie le premier, mais avec des mises en pages différentes selon les ouvrages.

L'intérêt de la version de M. Jean Pellet réside dans le fait que ce dernier a eu l'original entre les mains, et qu'il a passé de nombreuses années à l'étudier. Ainsi, bien que toutes ses archives aient brulés en 1999, il est capable de le restituer de tête.

Annexe 4

DE CAMPAGNE-LES-BAINS À RENNES-LE-CHÂTEAU
Par M. A. FAGES

Compte-Rendu d'une excursion de la Société d'Etudes Scientifiques de l'Aude.

Entre Espéraza et Campagne-sur-Aude et sur le chemin qui va de Carcassonne à Mont-Louis, est assise la charmante station thermale de Campagne-les-Bains.

Combien de fois, après nos excursions pédestres, nous nous y sommes remis de nos fatigues à l'ombre de ses platanes centenaires dont le feuillage forme un dôme impénétrable aux rayons du soleil !

Campagne les-Bains, malgré la bonté de ses eaux et la joyeuse compagnie que l'on y retrouve chaque année, devient pour certains baigneurs un peu monotone, pour ceux surtout qui aiment à courir par monts et par vaux. Ce sont alors des projets sans nombre qui surgissent de toutes parts : les Gorges de Pierre-Lys, de Saint-Georges, de Galamus... etc. ou bien encore les visites à la forêt des Fanges, de Gesse et autres.

Toutes ces belles promenades nous souriaient, mais le peu de temps pendant lequel notre cher Président, M. Guiraud, pouvait séjourner ici, ne nous permettait pas d'y prendre part. Or, comme ici les beaux sites ne manquent pas, nous projetâmes, avec notre collègue Malet, d'Espéraza, d'aller visiter encore une fois Rennes-le-Château, le Rhedae des anciens, l'ancienne capitale du Razès.

Nous étions au 16 août, époque à laquelle les rayons du soleil donnent à nos fruits leur dernière maturité et à nous méridionaux ce teint brun qui nous caractérise si bien. Voici d'abord le Renfort, groupe de sept à huit maisons, dépendant d'Espéraza, habitées actuellement par des ouvriers chapeliers, mais qui autrefois servaient de remises et d'écuries. Avant la création du chemin de fer de Carcassonne à Quillan, tous les rouliers venant de la haute. vallée de l'Aude, avec un chargement de bois, devaient prendre, en cet endroit, des chevaux de « renfort », afin de gravir la montée de Caderonne, plusieurs même y couchaient. C'est de là, certainement que lui vient son nom. Cette montée est, en effet, très raide, dangereuse même, car au beau milieu est un tournant que nos cyclistes n'évitent pas toujours. Au Nord, sont taillées à pic des roches noires peut-être volcaniques que viennent recouvrir des couches tertiaires très fossilifères. Sur cette arête, en 1903, nos deux collègues d'Espéraza, MM. Tisseyre et Malet, découvrirent deux tombeaux à dalles contenant des ossements humains, quelques éclats de silex et une belle pointe de flèche qui se trouve actuellement dans ma collection.

De ce point nous pouvons suivre le cours capricieux de l'Aude, qui traverse Espéraza, actionnant sur son passage plusieurs fabriques de chapeaux.

Espéraza est abrité au Nord par les Monts du Calvaire que les géologues se plaisent à parcourir afin d'y recueillir les beaux fossiles de notre nummulitique, surtout des bulimus, rareté nouvelle pour notre région. Au loin se profile la tour de Fa qui semble défier le temps de ses épaisses murailles.

Ici, la route parait aussi capricieuse que la rivière ; dans un tournant est bâti Caderonne qui fut aux temps anciens un village assez important. Aujourd'hui, ce qui porte ce nom se réduit à quatre maisons et un château.

Dans l'Histoire du Languedoc, il est fait mention de Pierre-Arnaud de Caderonne qui vivait en 1111 et qui resta fidèle à Bernard Aton, comte de Rhedez.

En 1172, son petit-fils, Hugues de Caderonne, jura l'assistance à Pierre Vilar, viguier de Rhedec. On lui attribue même cette légende :

Ugo, Seignou dé Catarouno,
Non crégnis rés hors lé qué trouno.

Hugues N, son fils, eut ses biens confisqués après les guerres des Albigeois. Cette seigneurie passa aux de Voisins qui la conservèrent longtemps comme manoir seigneurial.

En 1357, le château de Caderonne et le village furent détruits par des compagnies de routiers qui laissèrent de tristes souvenirs dans le Razès.

On ne peut, nous dit M. Fédié, préciser l'endroit où fut Caderonne[1], il nous semble pourtant que ces amoncellements de pierres, ces pans de murs noircis par le temps ou par le feu, qu'on aperçoit au Sud de la route, pourraient bien être les restes de ce dernier.

Quant au château, sa place nous paraît tout indiquée par une épaisse muraille qui surplombe à pic le cours de l'Aude et qui sert de soutien au parc actuel. On y voit encore un vaste espace où ne poussent que les plantes propres aux décombres.

Le château actuel est une grosse masse de bâtisses rectangulaires percées de petites ouvertures, sans aucun style. D'après une personne autorisée ç'aurait été dans les premiers temps une auberge.

En effet, excepté un grand et bel escalier à rampe en fer forgé qui se trouve ici fort déplacé, tout le fait concevoir. Au rez-de-chaussée, de vastes pièces servaient de salles à manger et de cuisines ; aux deux étages supérieurs, deux grands corridors donnent accès dans de très petites chambres aux plafonds bas, enfin rien n'y respire le luxe d'autrefois.

Sur une porte nous avons lu la date de 1645. Serait-ce le millésime de sa construction ?

Ce ne fut qu'en 1810 que la famille Debosque l'acheta et le fit restaurer. Depuis, il a pris un nom, car, dit-on, on y vit, aux belles époques de l'Empire, des ministres, l'Empereur même.

Maintenant notre manoir sert à une œuvre utile : depuis 1906 il a été converti en laiterie coopérative. Douze vaches y sont soignées et leur lait est vendu à Espéraza.

Nous quittons Caderonne par une belle allée de marronniers pour arriver, quelques minutes après, au pont du ruisseau des Couleurs. Ici il faut quitter la grande route et suivre le cours de ce dernier, environ 1 500 mètres. Ce petit cours d'eau coule toute l'année et son débit est assez grand, vu qu'il actionnait autrefois un moulin à plâtre, dont on voit encore les ruines au premier coude du chemin ; il nous semble que l'exploitation du gypse devait être moins coûteuse là qu'à Couiza.

Afin de rattraper une demi-heure que nous avons perdue à Caderonne, nous quittons la route carrossable de Rennes pour prendre, à la file indienne, un raccourci. Notre chemin monte à pic et malgré la beauté du site parfumé par de belles touffes de lavande, ce ne fut pas la partie la plus agréable de notre excursion. Je conseillerai donc à ceux qui voudront faire une pareille promenade de partir de grand matin, avant que le soleil soit trop brûlant.

Notre marche fut souvent interrompue par notre collègue, Malet, qui, de temps à autre, capturait un coléoptère ou bien encore par notre président qui nous quittait pour cueillir un Dianthus.

À la sortie d'un petit bois de chênes, Rennes se dresse devant nous. C'est alors que, nous voyant au bout de notre course, nous pouvons admirer un moment le chemin parcouru.

Nous pouvons y suivre les couches rouge sombre du Danien qui vont se perdre vers Campagne, au sud vers Granès et vont plonger, au nord, sous le tertiaire, au lieu dit Pastabrac.

Ces terrains sont très caractéristiques par les ossements de Trilonosaurus qu'on y trouve accompagnés le plus souvent de parties de carapaces de tortue.

Du point où nous nous trouvons, Rennes nous apparaît par son côté le plus pittoresque. Plusieurs petits chemins bordés de murailles en pierres sèches serpentent aux pieds de cet escarpement rocheux que vient couronner une grande muraille crénelée. Ce ne sont pas là les restes de l'ancienne forteresse wisigothique, car les meurtrière sont désertes et au lieu d'être reçus par un archer bardé de fer, nous y sommes accueillis par M. l'abbé Saunière, lequel se fait un plaisir de nous faire visiter sa belle installation qui, sans contredit, semble une oasis perdue au milieu d'un désert. « Oasis » est peut-être un peu risqué, mais ce terme s'explique surtout quand on vient de faire quelques kilomètres dans des terrains arides et secs, le plus souvent incultes. Une description rapide nous parait nécessaire : le plateau est occupé par un potager où poussent des légumes à rendre nos maraîchers jaloux ; puis viennent un verger et un beau jardin d'agrément, le tout abrité par une belle terrasse de laquelle on jouit d'un beau panorama. Une tour au sud semble la gardienne de ce coin charmant. Ce fut dans cette demeure que nous goutâmes quelques minutes de repos tout en admirant la belle bibliothèque qu'elle contient : ici tout est bien utilisé, par exemple le dessous de cette vaste terrasse sert de citerne aux eaux de pluie qui sont amenées du dehors par de nombreux chéneaux. Le rez-de-chaussée de la bibliothèque contient une belle collection de cartes postales ainsi que des vues de Rennes et des environs.

Au pied de la Croix de Mission, on remarque une pierre tombale qui fut découverte, lors du dallage de l'église, placée à plat devant le maître-autel. Elle est en grès très friable et le travail qui en forme la beauté aurait disparu depuis longtemps si, lors de sa découverte, le dessin n'eut été en dessous.

On y voit deux cavaliers, la lance au poing dans un décor ogival. Serait-ce la reproduction d'un tournoi ?

En face et à gauche de la porte de l'église, servant de socle à une Vierge de Lourdes, se trouve un pilier qui supportait autrefois le maître-autel. D'après l'abbé Saunière, le maître-autel était composé d'une grande dalle prise sur un côté du mur et soutenue devant par deux piliers, l'un brut, et celui déjà nommé, qui paraît de la même époque que la pierre tombale.

L'abside de l'église est aussi très ancienne, c'est peut-être la seule partie qui existe du vieux château. Malgré l'épaisse couche de plâtras qui la recouvre, on y voit par place la construction en petit appareil.

Ceux qui ont assisté à une excursion que fit notre Société en 1904 se souviennent encore sans doute du chemin que nous suivîmes en partant de Couiza.

Les rampes raides que nous avons gravies, les tournants brusques, dangereux même, que nous avons franchis vont disparaître grâce à un nouveau chemin en voie de construction.

Le tracé de ce nouveau chemin est un long labyrinthe qui permet d'admirer sous divers aspects le but de la course. Déjà une tranchée de trois mètres est ouverte au Sud, et dans cette dernière on a mis à jour un ossuaire qui a plusieurs centaines de mètres. Les squelettes sont couchés et superposés sur six et huit couches orientées Est-Ouest. M. Tisseyre y a recueilli deux boucles d'oreille en bronze. Faut-il voir là une sépulture datant des guerres anciennes ? La grande quantité d'ossements qu'on en extrait n'est pas riche. Peut être y fera-t-on par la suite des découvertes intéressantes.

Je ne raconterai pas notre descente sur Couiza, laquelle n'est pas à dédaigner, mon seul but était de signaler aux archéologues qu'ils pouvaient encore trouver à Rennes quelques indices pour reconstituer une histoire locale.

Campagne les Bains, Août 1908.

---

(1) L. Fédié ; *Le Comté du Razès et le diocèse d'Alet*.

Annexe 5

L'HISTOIRE RACONTÉE PAR NOËL CORBU

LE MANUSCRIT CORBU

Le manuscrit Corbu est l'un des tous premiers textes consacrés à l'affaire de Rennes-le-Château dans les années 1960. Si les thèses qui y sont défendues ont parfois mal résisté à l'analyse historique, on retrouve déjà tout ce qui allait faire le succès du mythe du « curé aux milliards », en particulier l'une des toutes premières narrations de la vie de l'abbé Saunière.

L'histoire de Rennes-le-Château se perd dans la nuit des temps. On peut affirmer sans crainte que ce plateau a toujours été habité. Certains historiens ont écrit et fixé la fondation de Rennes-le-Château par les Wisigoths aux environs du Vème siècle. Ceci est absolument démenti par la quantité de vestiges beaucoup plus anciens que l'on trouve à fleur de sol, qu'ils soient préhistoriques, paléolithiques ou néolithiques, ibères, gaulois, romains, gallo-romains. Leur abondance et leur diversité prouvent, sans contestation possible que Rennes-le-Château était, bien avant les Wisigoths, une grande cité.

D'autres historiens pensent que Rennes-le-Château était la capitale des Sociates, très forte peuplade gauloise qui tint en échec César pendant longtemps. Ce dernier, dans ses commentaires, relatant la chute de leur capitale, parle du pays environnant et sa description correspond exactement au panorama que l'on voit de Rennes-le-Château : pic de Bugarach au Sud-Est, pic de Cardou à l'Est, terre de Becq et plateau des Fanges au Sud, l'Aude et ses méandres à l'ouest et sa vallée en direction d'Alet et Carcassonne. Rien n'y manque, et l'on peut raisonnablement supposer que Rennes-le-Château, avant d'être une puissante capitale wisigothique, a été capitale gauloise, puis grande cité gallo-romaine, et certainement avant cette époque, grand habitat préhistorique.

Pourquoi cette importance de Rennes-le-Château pendant ces temps ?
1°) - Par sa situation géographique qui domine et commande toutes les vallées : celle de la Salle venant de Rennes-les-Bains et Narbonne, celle de l'Aude vers Carcassonne et vers Sijean, celle aboutissant à Puivert et Chalabre et celle qui de Rennes-le-Château permettait d'aller en Espagne avant que la route passant par les Gorges de la Pierre Lys, soit percée. La route Rennes-le-Château / Espagne a été certainement une voie romaine car on retrouve encore des tronçons parfaitement dallés, et au lieu dit « La Rode » on a trouvé une roue en bronze et un timon de char romain, actuellement au musée de Toulouse.

2°) - Par le nombre de sources qui, sur ce piton, donnent de l'eau en abondance et qui n'ont jamais tari.

3°) - Par son climat très tempéré, beaucoup moins froid et exempt de brouillard et de brume en hiver, beaucoup moins chaud en été que la vallée.

Ces trois points font de Rennes-le-Château un endroit absolument privilégié, une sorte d'oasis dans la cuvette qu'elle domine.

Dès le Vème siècle, Rennes-le-Château qui s'appelait Rhedae est une grande cité. Capitale wisigothe du Razès, elle compte plus de 30 000 habitants. La rue des bouchers en comprenait 18 000. Son importance est telle que les évêques chargés par Charlemagne d'évangéliser la Septimanie – les-Wisigoths ayant embrassé bien avant le catharisme l'hérésie chrétienne de l'arianisme –, ne mentionnent dans le rapport à l'Empereur que deux villes importantes : Rhedae et Narbonne. La citadelle de Rhedae avait une superficie au moins trois fois plus grande que le village actuel. On dénombrait 7 lices.

La ville s'étendait au sud jusqu'à un autre piton où était bâtie une autre forteresse que l'on appelle le Castella. Une autre ceinture de forteresse défendait Rhedae ce sont les châteaux de Coustaussa, de Blanchefort, d'Arques, du Bézu, de Caderonne et de Couiza.

La décadence de Rennes Rhedae commence avec les luttes albigeoises. En partie détruite, elle est, sur l'ordre de Saint-Louis, rebâtie. Philippe le Hardi poussa l'œuvre de son père, et l'on peut dire que sous le XIIIème siècle, si la ville n'a plus l'importance qu'elle avait avant, la citadelle, elle, est toujours debout et aussi puissante. Mais une affaire assez confuse de vente du territoire de Rhedae au roi de Castille fait que les Espagnols, pour récupérer leur achat, envahissent la Septimanie et détruisent une première fois Rhedae. Rebâtie en partie seulement, elle subit une seconde destruction en 1370. Ce fut la fin. Jamais plus Rhedae ne se releva de ses ruines : petit à petit les habitants descendirent vers les vallées et Rhedae étant devenu Rennes-le-Château ne fut plus qu'un petit village au lieu de l'orgueilleuse ville de 30 000 habitants.

Rennes-le-Château serait certainement tombé dans l'oubli total si un prêtre originaire de Montazels, près de Couiza, ne vint prendre la cure le 1er Juin 1885. Pendant 7 ans, l'Abbé Bérenger Saunière mena la vie de tout pauvre curé de campagne, et dans ses archives, sur son livre de compte, on peut lire, à la date du 1er Février 1892 : « Je dois à Léontine 0 fr 40 » ; « Je dois à Alphonsine 1 Fr 65 », et ses économies qu'il nomme ses « fonds secrets » se montent à cette époque à 80 fr 65.

En ce même mois de Février 1892, le maître autel de l'église actuelle tombant en ruines, il avait demandé une aide au Conseil Municipal qui la lui avait accordée pour le remettre en état. Les ouvriers le démontant trouvèrent dans un des piliers des rouleaux de bois contenant des parchemins.

L'Abbé immédiatement alerté s'en empara et quelque chose dût retenir son attention car il fit arrêter immédiatement les travaux. Le lendemain, il partait en voyage pour Paris, dit-on, mais nous n'en avons aucune confirmation.

À son retour, il fit reprendre les travaux, mais là il ne fit plus faire que le maître autel, mais toute l'église, puis il s'attaqua au cimetière où il travaillait souvent seul. Il démolit même la tombe de la Comtesse d'Hautpoul Blanchefort et rasa lui-même les inscriptions qui étaient sur cette dalle. Le Conseil Municipal s'émut de la chose et lui interdit de travailler au cimetière, mais le mal était fait car cette tombe devait avoir une indication. Il fait construire les murs autour du jardin devant l'église, utilise un splendide pilier de style wisigoth de l'autel qu'il mutile en y faisant graver « Mission 1891 » pour supporter Notre-Dame-de-Lourdes dans un autre petit jardin. Il fait entièrement restaurer le presbytère ; puis, en 1897, commande la construction de la maison, de la Tour, du chemin de ronde, du jardin d'hiver, le tout lui coûte un million en 1900, ce qui représente 250 millions de notre monnaie. Il meuble la maison et la tour fastueusement. Son train de vie est royal. L'abbé Saunière reçoit quiconque vient et tous les jours ce sont des fêtes. La consommation de rhum qu'il fait venir directement de la Jamaïque et de la Martinique atteint 70 litres par mois. Sans compter les liqueurs de toute sortes, les vins fins ; les canards sont engraissés avec des biscuits à la cuiller pour qu'ils soient plus fins. C'est un véritable sybarite.

Il reçoit une année Mgr Billard, qui, d'après les gens du pays, repart... assez content. Mgr Billard a été étonné de la vie de son prêtre, mais il ne dit rien. Mais son successeur Mgr de Beauséjour demande immédiatement des comptes à l'abbé Saunière et le convoque pour s'expliquer à Carcassonne. Mais ce dernier, ne voulant rien dire, prétexte qu'il est malade, qu'il ne peut faire le voyage de Carcassonne. Et, à l'appui de ses dires, montre des certificats du Dr Rocher, Médecin à Couiza, certificats faux, puisque nous avons une lettre du Dr Rocher disant en substance ceci : « Mon cher Ami, je vous envoie le certificat que vous me demandez : s'il n'est pas suffisant, dites moi ce que vous désirez et je me ferais un plaisir de vous donner satisfaction ». L'abbé Saunière ne peut se rendre à Carcassonne, mais il peut cependant aller à l'étranger : Espagne, Suisse et Belgique. Voyages absolument secrets, et pour donner le change, il laisse à sa bonne et femme de confiance, Marie Denarnaud, des lettres toutes prêtes ainsi conçues: « Chère Madame » ou « Monsieur » ou « Mademoiselle », « J'ai bien reçu votre lettre. Je m'excuse de ne pouvoir vous répondre plus longuement, mais je suis obligé d'aller au chevet d'un confrère malade. A très bientôt » signé Saunière. Marie Denarnaud ouvrait le courrier et si une lettre nécessitait une réponse mettait une de ces courtes missives dans une enveloppe et l'envoyait. Pour tout le monde l'abbé n'avait pas quitté Rennes.

Cependant à l'Evêché, les choses empiraient. En 1911, Mgr de Beauséjour, excédé de ne pouvoir obtenir aucune explication de son prêtre, l'inculpe de trafic de messes et l'interdit. Condamnation par contumace. Le trafic de messes ne tient pas debout, car elles coûtaient 0 Fr 50, c'est dire la quantité de messes qu'il aurait fallu que l'abbé Saunière reçoive pour couvrir ses dépenses. Mais c'était le seul moyen qu'avait Mgr de Beauséjour « pour coincer » son prêtre.

L'abbé Saunière ne s'incline pas devant la sentence et aussitôt fait appel en cour de Rome. Il prend pour se défendre un avocat ecclésiastique, le Chanoine Huget, qui, aux frais du curé, va à Rome. Le procès dure deux ans et se termine par un non-lieu, le chef d'accusation n'étant pas prouvé. Mais instruit par l'évêque des magnificences et du train de vie de l'abbé, Rome à son tour demande des explications que l'Abbé Saunière se refuse à nouveau à donner. Et c'est sous l'inculpation de révolte et outrage envers ses supérieurs qu'il est de nouveau interdit, et cela définitivement, le 11 avril 1915. Cependant, on faisait comprendre à l'abbé Saunière que s'il faisait amende honorable, on pourrait envisager un adoucissement. On verrait.

Mais l'abbé, ulcéré, ne veut absolument plus rien entendre, ni de l'Evêché, ni de l'Eglise. Interdit, pour contrer son Evêque, il a loué le presbytère pour 99 ans. Dans la petite chapelle, qu'il s'est fait construire, il dit la messe et une grosse partie de la population de Rennes-le-Château, vient l'écouter tandis que le prêtre régulier, nommé par l'Evêque, obligé d'habiter à Couiza, à quatre kilomètre de là, car personne ne le veut, dit la messe dans une église pour ainsi dire vide.

Pendant toute la durée de son procès avec l'Eglise, l'abbé Saunière n'a plus fait de construction. Mais tout étant consommé, il refait des projets : construction de la route de Couiza à Rennes-le-Château à ses frais, car il a l'intention d'acheter une automobile ; adduction d'eau chez tous les habitants, construction d'une chapelle dans le cimetière ; construction d'un rempart tout autour de Rennes ; construction d'une tour de cinquante mètres de haut de façon à voir qui entre, avec un escalier circulaire à l'intérieur, une bibliothèque suivant l'escalier ; haussement d'un étage de la tour actuelle ainsi que du jardin d'hiver. Ces divers devis et travaux se montent à huit millions or, soit plus de deux milliards de nos francs. Et le 5 Janvier 1917, en pleine guerre, il accepte les devis et signe la commande de tous ces travaux.

Mais le 22 Janvier, soit 17 jours après, il prend froid sur la terrasse, a une crise cardiaque, qui, compliquée d'une cirrhose du foie, ne lui pardonne pas.

Bref, il meurt dans la journée. Mis dans un fauteuil du salon, il y reste exposé tout un jour, couvert d'une couverture avec des pompons rouges.

En vénération, ceux qui venaient coupaient un pompon et l'emportaient. Il fut enterré dans le tombeau qu'il était en train de se construire au cimetière.

La famille Saunière se préoccupa alors, pour avoir l'héritage ; mais, stupeur, l'Abbé avait tout acheté au nom de sa bonne, Marie Denarnaud, et celle-ci était et demeurait sa légitime propriétaire de sorte que les héritiers présomptifs s'en allèrent tout penauds.

Marie Denarnaud, très coquette à la mort du curé, devint un exemple d'austérité. Elle se retira au presbytère, vivant absolument seule et ne bougea plus. Elle ne descendit plus une seule fois à Couiza. Pendant des années, elle se refuse à vendre son domaine. Mais l'âge venant, elle ne pouvait plus ni surveiller, ni faire entretenir, et petit à petit ce fut la destruction et le pillage. Livres rares, timbres, œuvres d'art, tout fut volé. Quand finalement en 1947 elle se décida et vendit son bien à Monsieur et Madame Corbu qui transformèrent l'ancienne résidence du curé en hôtel « La Tour ».

Quant à l'origine du Trésor que le curé a certainement trouvé et dont une grande partie doit encore subsister, les archives de Carcassonne nous en donnent l'explication : Blanche de Castille, mère de Saint-Louis, régente du royaume de France pendant les croisades de son fils, jugea Paris peu sûr pour garder le trésor royal, car les barons et petites gens se révoltaient contre le pouvoir royal. Ce fut la fameuse révolte des pastoureaux. Elle fit donc transporter le trésor de Paris à Rennes, qui lui appartenait, puis entreprit de mâter la révolte. Elle y réussit et mourut peu après. Saint-Louis revint de la croisade, puis repartit de nouveau et mourut à Tunis. Son fils, Philippe le Hardi, devait connaître l'emplacement du trésor, car il s'intéressa beaucoup à Rhedae, et fit faire de nombreux travaux de défense. Aussi retrouve-t-on encore à certaines fondations de tours des éperons qui sont caractéristiques de son époque. Mais après lui, il y a un trou et Philippe le Bel est obligé de faire de la fausse monnaie, car le trésor de France a disparu. Nous devons supposer qu'il ne connaissait pas la cachette.

Le Trésor fut trouvé deux fois : en 1645, un berger nommé Ignace Paris en gardant ses moutons tombe dans un trou et ramène dans sa cahute un béret plein de pièces d'or. Il raconte qu'il a vu une salle pleine de pièces d'or et devient fou pour défendre les pièces qu'il a apportées. Le châtelain et ses gardes recherchent vainement l'endroit où est tombé le berger, puis ce fut l'Abbé Saunière et les parchemins.

Toujours d'après les archives qui donnent une liste du trésor, celui-ci se composerait de 18 millions et demi de pièces d'or en nombre, soit en poids environ 180 tonnes, plus de nombreux joyaux et objets religieux. Sa valeur intrinsèque, d'après cette liste, est de plus de cinquante milliards. Par contre, si l'on prend sa valeur historique, la pièce d'or de cette époque valant 472 000 francs, on arrive environ à 4 000 milliards.

Ainsi dans ce modeste village au panorama magnifique et au passé prestigieux, dort un des plus fabuleux trésors qui soit au monde.

Annexe 6

REFLEXIONS SUR LA VALEUR DE L'ARGENT AU TEMPS DE BERENGER SAUNIERE

L'un des problèmes récurrents lorsque l'on s'intéresse à la fortune de l'abbé Saunière consiste à évaluer le pouvoir d'achat et la valeur de ses dépenses et de ses revenus. Une bonne méthode consiste à multiplier les francs-or par 15 ou 20 pour obtenir une contre-valeur en euros actuels. Si elle est simple, cette méthode doit néanmoins être appliquée avec prudence.

L'indice INSEE

La première façon de procéder est d'appliquer l'indice INSEE. Il s'agit d'un compte cumulé à partir de la valeur reconnue de l'inflation de chaque année écoulée. Selon ce procédé, le franc-or 1900 vaudrait 2,79 € en 2005.

Si cette méthode a l'avantage d'être mathématiquement rigoureuse, elle a néanmoins ses limites.

D'une part parce que le calcul de l'inflation annuelle n'est pas une science exacte. Elle est actuellement basée sur l'évolution d'un groupe de produits prédéfini et non exhaustif et a subi des variations de méthodologie importantes dans le temps.

D'autre part parce qu'il y a une rupture logique importante.

Le salaire d'un ouvrier à l'époque est de 40 francs-ors par mois, soit 279 € actuel. On est loin du SMIC.

Autre exemple de cette rupture logique, le prix d'une coupe de cheveux chez le coiffeur était de 0,30 franc-or. En appliquant l'indice INSEE on obtient une équivalence à 1 € la coupe de cheveux de nos jours.

Ainsi il convient d'envisager d'autres méthodes qui permettent une conversion plus réaliste en terme de valorisation.

Alignement du pouvoir d'achat

Une autre manière de procéder consiste à aligner les valeurs en fonction du pouvoir d'achat. Par exemple le kilo de pain valait 0,40 € en 1900 et 2,00 € actuellement, soit un rapport de 5.

Mais dans la pratique ce rapport varie selon les produits envisagés.

A l'époque de Bérenger Saunière, les premiers postes de dépenses par tête sont :

1°) se nourrir,

2°) se vêtir (la nourriture et les vêtements sont chers à l'époque...),

3°) se loger.

Aujourd'hui, ce serait :
1°) se loger,
2°) « la modernité » (voiture, réfrigérateur, téléphone, informatique etc...),
3°) se nourrir,
4°) se vêtir.

La valeur relative des choses a donc varié dans le temps et il faut rester prudent dans les comparaisons avec une valeur actuelle.

Pour ce qui est du prix d'une maison, en particulier, il faut savoir qu'à l'époque une maison à Rennes-le-Château, c'est essentiellement 4 murs, un toit et quelques fenêtres, le sol étant le plus souvent en terre battue. Il n'y a pas les éléments coûteux d'une maison moderne : cuisine équipée, salle de bains, eau courante, chauffage central, électricité, isolation etc. Ainsi à l'époque on pouvait acquérir une maison à Rennes pour 1500 franc-or.

Pour la petite histoire, voilà comment une vieille institutrice de ma connaissance m'expliquait comment sa famille (pauvre) avait eu sa première maison :

C'était en 1936, mon père avait acheté un terrain à la limite du village. Durant les premiers congés payés, avec un ami, ils ont clôturé le terrain et creusé les fondations. Puis toute l'année, lorsqu'il sortait du travail, mon père allait à la carrière et extrayait de la pierre qu'il ramenait avec une brouette. Arrivé, il faisait le ciment et il montait les pierres qu'il avait ramenées pour construire les murs. Quand il avait fini, on mangeait et il allait se coucher. Le lendemain matin, il repartait au travail avec sa brouette et sa barre à mine. Le dimanche, il faisait plusieurs voyages et l'été suivant, les murs étaient montés. Lors des congés de 37, avec son frère et des amis, ils ont monté la charpente, le toit, les fenêtres et les portes. Après, avec ma mère, ils ont construit l'intérieur. C'était une maison toute simple : au rez-de-chaussée une grande pièce et une cuisine, en haut, une chambre pour eux, une chambre pour les enfants et une salle d'eau (genre un lavabo apparemment). Les toilettes étaient au fond du jardin.

À l'époque de Bérenger Saunière se loger n'était donc pas onéreux. Vers 1905, la maison natale de BS (qui n'a rien d'une cabane) est estimée à environ 3 000 F.

Lorsque Bérenger Saunière, à l'occasion de son procès en 1911, annonce avoir consacré 90 000 F à la construction de la villa Béthanie, 40 000 F pour Magdala et 19 050 F pour la terrasse et les jardins, il s'agit bien de sommes qui ont de quoi surprendre ses juges.

A contrario, les animaux, à des époques où ils représentent la seule force motrice disponible, coûtaient 500 francs-or l'âne, 800 le bœuf et

1 000 le cheval de trait.

Si l'immobilier peut sembler très peu cher, certains éléments peuvent au contraire sembler surévalués par cette méthode.

Comparaison interne

Cette méthode consiste à comparer les sommes requises avec le salaire officiel de Bérenger Saunière qui était de 75 francs-or par mois soit 900 francs-or par an.

À titre d'exemple l'abbé enregistre 300,00 F en décembre 1907 (plus petite entrée mensuelle connue) soit 4 fois son salaire officiel et 2 755,00 F en novembre 1901 (plus grande entrée mensuelle connue) soit un peu plus de 35 fois son salaire officiel.

En moyenne, de 1894 à 1915, Bérenger Saunière encaissera environ 12 fois son salaire « normal ».

Lorsqu'en novembre 1904 il solde 500,00 F à Oscar Vila, cette somme représente plus de 6 fois son salaire ordinaire.

On conçoit que la fortune de l'abbé, sans être exceptionnelle, n'en était pas moins confortable.

Note concernant l'inflation

Durant toute la période de 1870 à 1914 l'inflation est faible et stable, à tel point que l'on peut considérer qu'elle est négligeable.

Ce n'est qu'à partir de la Première Guerre Mondiale, avec l'abandon du franc-or pour le franc « poincaré » que l'inflation va reprendre et ce très brutalement. Ainsi, si sur cette période les revenus de l'abbé peuvent paraître stables, en réalité son pouvoir d'achat s'effondre.

Expérience personnelle

L'ensemble de ces considérations ainsi que mon expérience personnelle m'ont conduit, pour obtenir un résultat « intelligible », à multiplier le franc-or par 15 à 20 pour obtenir une équivalence en euros.

Ainsi le salaire de Bérenger Saunière correspondrait à environs 1 300 € mensuels et le salaire réel d'un ouvrier à 600 € ce qui est logique à une époque où le prêtre est mieux payé que l'ouvrier (ce qui n'est plus le cas).

Néanmoins, si cette méthode a le mérite de la simplicité, il faut savoir garder à l'esprit ses limites.

Quelques exemples de prix en 1914

1 kg de pain	0,42 franc
1 kg de pommes de terre	0,17 franc
1 kg de beurre	3,02 francs
1 kg de margarine	2,40 francs
1 douzaine d'oeufs	1,24 franc
1 litre d'huile d'olive	1,47 franc
1 kg de gruyère	2,78 francs
1 litre de lait	0,27 franc
1 kg de sucre	0,86 franc
1 kg de bœuf	2,01 francs
1 kg de veau	2,39 francs
1 kg de mouton	2,62 francs
1 litre de vin de pays	0,46 franc
1 paire de chaussures	16,50 francs
1 ressemelage complet	4,00 francs
1 complet pour homme	50,00 francs
1 manteau dame	30,00 francs
1 paire de drap fil de coton	16 francs
400 gr de savon de Marseille	0,35 franc
100 kg de charbon	5,20 francs
Journal quotidien	0,05 franc
Le kilomètre de train en 3ème classe	0,05 franc
Le timbre pour lettre	0,10 franc
Le m3 de gaz de ville	0,20 franc
Le paquet de tabac gris de 40 gr.	0,50 franc
La coupe de cheveux	0,30 franc
Un m3 de bois de sapin	1,95 franc

Annexe 7

LA NOTICE LABORDE

Je remercie Pierre Jarnac de bien avoir voulu me communiquer la notice Laborde qu'il avait découvert depuis de très nombreuses années et qu'il cite dans : Les archives de Rennes-le-Château, (1988) pp. 456 et suivantes.

On pourra se référer aux articles de La Semaine Religieuse de Carcassonne pour des compléments biographiques moins polémiques.

Les * notent les prêtres des communes ou les prêtres avec qui Bérenger Saunière n'est pas en contact à ma connaissance.

NOTICE BIOGRAPHIQUE
Sur Mgr BILLARD, Feu Evêque de Carcassonne

Notre diocèse de Carcassonne vient de perdre, ce 3 décembre 1901, son Evêque Mgr Billard Félix Arsène. La lettre capitulaire annonçant cette nouvelle, appelle cette mort un affreux malheur. Ce malheur pourrait être affreux pour les créatures de Mgr Billard si le nouvel Evêque voulait réparer les bévues de son prédécesseur ; mais pour le diocèse qui, avec son Evêque malade depuis dix ans, était administré à la diable, on ne voit pas très bien que ce malheur puisse être affreux ; je dis plus : le diocèse peut même regarder cette mort comme une heureuse délivrance.

On a appelé Mgr Billard l'Evêque du Rosaire : on a voulu, par cette dénomination, berner le public ; car pendant les visites pastorales qu'il a faites dans les paroisses, comme pendant les retraites sacerdotales, on n'a jamais vu cet Evêque, dans ses moments de loisirs, réciter un seul chapelet. Léon XIII, à cause de ses Encycliques nombreuses sur la Sainte Vierge a été appelé le Pape du Rosaire : alors il est venu à la pensée des flatteurs de notre Evêque défunt d'appeler Mgr Billard l'Evêque du Rosaire ; et aussi sans doute, parce que Prouille qui a une église du Rosaire se trouve en notre diocèse. Le Rosaire de Mgr Billard est tout autre que la louange à Marie, nous allons le démontrer amplement.

On dit qu'il parcourait le diocèse avec un zèle infatigable : le qualificatif est mal trouvé car, à la moindre fatigue, il se plaignait avec ostentation, ce qui n'accusait pas un zèle si infatigable ; ce zèle-là ne se plaint jamais. Il parcourait son diocèse parce que, par force, il devait le parcourir à cause des confirmations ; il le parcourait surtout pour avoir les 2 000 francs du Gouvernement pour frais de voyage ; et, il ne parcourait, par paresse, que les parties du diocèse qui lui paraissaient les moins pénibles et les plus agréables. Le canton de Tuchan a passé sept ans sans voir son Evêque ; et les cantons de Mouthoumet, d'Axat et autres le voyaient fort rarement : voilà son zèle infatigable.

On dit que son éloquence était vigoureuse et communicative : ses poumons seuls étaient vigoureux : car en chaire il poussait des cris comme un geai en train d'être plumé vif ; mais il ne communiquait guère des sentiments élevés et pieux ; il n'avait que des accents d'un comédien qui déclame, mais qui, loin de toucher, fait sourire. Ainsi, ses confrères en épiscopat se gardaient bien de le faire prêcher dans leurs cathédrales, sachant que ses talents oratoires étaient fort médiocres.

On a dit que le jour de son intronisation sur le siège de Carcassonne, Mgr Billard déclara que Dieu avait mis dans son cœur la compassion et la bonté. L'Evêque voulait par là se rendre intéressant et produire de l'effet : ce n'était là qu'une affirmation normande[1]. Toutes les affaires désagréables qu'il a eues et qui ont occasionné un certain retentissement prouvent que c'était un Evêque haineux et vindicatif. Il n'a jamais pardonné à un prêtre qui lui résistait, non pour lui faire de la peine mais dans le but bien légitime de défendre son honneur et son pain : ce prêtre-là il l'a toujours mis en suspicion, en pénitence autant qu'il le pouvait. Jésus-Christ a dit de pardonner sans cesse : Mgr Billard trouvait qu'il était plus glorieux de ne jamais pardonner. Il regardait la vengeance comme la passion des grandes âmes ; tandis que, d'après les Saints Pères et même d'après les auteurs païens, c'est la passion des tigres et des léopards, la passion des méchantes bêtes.

On a parlé enfin de ses œuvres et de ses vertus : qu'on me lise et on verra ce qu'il faut penser : 1° de sa piété ; 2° de ses convictions politiques : 3° de son administration ; 4° de ses mœurs ; 5° de sa passion pour l'argent ; 6° des châtiments de Dieu ; car rien n'arrive sans son ordre, ou sans sa permission.

On dira peut-être : mais cet Evêque est mort, respect à ses cendres. Il est facile de tenir ce langage quand on n'a pas souffert de lui cruellement ; mais pour le cœur durement meurtri, pour l'âme irritée depuis 14 ans de ses procédés indignes, il est intolérable de voir qu'on veut faire de cet homme un géant de mérites et de vertus. C'est donc pour moi, dans mon état d'âme, non une satisfaction mais un besoin de justice de réduire ce prétendu géant et de le ramener à la taille de pygmée qui est la stature naturelle de Mgr Billard. S'il est permis à des thuriféraires, inspirés par la reconnaissance d'une bonne place ou de quelques repas plantureux, de l'encenser, il doit être permis à un critique de le juger sur ses propres ac-

---

[1] Mgr Billard était originaire de Saint-Valéry-en-Caux en Normandie ou il commença sa carrière ecclésiastique.

tions au nom de la vérité, rien que la vérité, comme on dit au tribunal. C'est ce que nous faisons sans passion et sans exagération, mais pour remettre toutes choses au point.

1° Sa piété – Le bagage de sa piété ne lui a jamais été lourd à porter ; s'il avait dû en mourir, il aurait vieilli plus que Mathusalem. Il suffisait pour s'en convaincre d'examiner sa tenue lorsqu'il présidait les cérémonies religieuses ; on ne le voyait jamais en adoration profonde devant le Tabernacle ; il se tournait à droite, à gauche pour se distraire ; il laissait pendre sa lèvre inférieure pour marquer son ennui profond ; sa tête et son regard levés vers la voûte du saint édifice disaient clairement : quand est-ce que tout ça va finir ? Il avait des mouvements nerveux pour marquer son impatience ; à le voir, on ne se serait jamais douté qu'il remplissait une fonction sainte, on aurait cru vraiment qu'il faisait la plus pénible des corvées.

Quand traversant un village pendant ses visites pastorales, il passait devant l'église paroissiale, comme à Cuxac d'Aude(2), Saint-Marcel*, Fraissé-Cabardès*, Saint-Laurent-de-la-Cabrerisse*, Thézan* ou autres endroits, n'ayez crainte que Mgr descendit de voiture pour faire un acte d'adoration à son Maître. Il regardait la porte et l'édifice où habitait son Dieu avec la même indifférence que l'on regarde une mairie, ou un temple protestant ; les gens en faisaient la remarque et en étaient scandalisés ; et, il faut l'avouer, ils avaient raison. Il en était tout autrement lorsqu'il passait devant la porte d'un châtelain ; il s'empressait alors d'aller saluer Monsieur, saluer Madame ; mais le bon Dieu, cela n'en vaut pas la peine. Quand un évêque a de la piété et de l'esprit de foi, il se garde bien de laisser les paroisses vacantes sans prêtre pour y aller, le dimanche, dire au moins une messe. Pour Mgr Billard, c'était le moindre de ses soucis ; c'est ainsi qu'il a laissé, pendant plusieurs années, Bouisse*, Duilhac*, Cucugnan* et plusieurs autres paroisses sans curé, sans même prier un prêtre voisin de ces paroisses d'aller le dimanche y célébrer au moins une messe basse pour la sanctification des fidèles. Si on lui demandait un prêtre pour ces paroisses, il répondait verbalement ou par écrit qu'il manquait de sujets. Pourquoi donc laisser cinq vicaires à Saint-Vincent-de-Carcassonne, trois prêtres à Pezens* qui n'a qu'un millier d'âmes ? Pourquoi des vicaires dans des paroisses peu importantes comme Pennautiers*, Alet(3), Pexiora*, Peyriac Minervois* et autres où un curé peut suffire ? Pourquoi tant de jeunes prêtres directeurs de chant dans les villes et qui pourraient être remplacés par des laïcs ? Parce que les considérations humaines passent avant le salut des âmes. Les petites paroisses de Brousse*, Gramazic*, La

---

(2) Bérenger Saunière a un seul échange avec l'abbé Pons en 1904 puis un avec l'abbé Cathala en 1909.
(3) Bérenger Saunière a un seul échange avec le Vicaire d'Alet-les-Bains en 1897 sur un souci administratif.

pomarède*, Tréville*, et autres petits villages, n'ont jamais manqué d'avoir leur pasteur ; si un curé était changé, il était immédiatement remplacé ; pourquoi ? Parce que, dans ces petites paroisses, il y a M. un Tel, Mme une Telle, M. le Marquis de A..., Mme la Marquise de B..., M. le Comte de Y..., Mme la Comtesse de Z... . Pour Monseigneur, les âmes des riches étaient d'un prix infini ; les chapeaux montés et les robes de soie avaient une valeur considérable ; quant aux âmes des paysans, elles ne valaient pas la peine qu'on s'en occupe. Lorsque pendant les retraites pastorales, il nous disait : Messieurs, il faut aller au peuple, il devait se dire en lui-même avec un petit air de satisfaction : Moi, j'irai aux châteaux. Je doute fort que le bon Dieu ait approuvé ces préférences de Mgr Billard pour l'âme des riches et des puissants de ce monde.

2° Ses convictions politiques – Calcul. Lors de sa nomination à l'Evêché de Carcassonne, nous eûmes des appréhensions. Nous avions lu dans un journal, Le Temps ce me semble, que M. l'abbé Billard avait fait à M. Dumay, directeur des Cultes, des promesses de républicanisme très accentuées. Mais arrivé à Carcassonne, il dissipa toutes nos craintes à l'occasion des écoles sans Dieu. Au cours de ses visites pastorales, il protesta, à Lagrasse surtout, d'une façon remarquable ; c'était le langage d'un Evêque. Ce langage ne plaisant point au ministre des Cultes, il fût mandé à Paris : à son retour il avait la langue coupée. Il fût converti par les remontrances qu'on lui avait adressées ; ou plutôt, par les promesses qu'on lui avait faites de le faire devenir archevêque, s'il savait se taire. Il sût se taire, mais ce silence pour nous eut son éloquence. Il fût la pierre de touche qui fit reconnaître enfin que ce qu'on prenait en lui pour de l'or n'était que du cuivre. Son silence fût tel que, pour être agréable au Gouvernement, il se garda bien en 1882, de protester contre les manuels Compayre, Paul Bert, et celui de Mme Greville, destinés aux écoles publiques. S'il eut été un bon Evêque, il aurait défendu aux Curés, par un mandement public, de donner la première communion aux enfants qui auraient eus de tels livres entre les mains ; et il aurait rappelé à tous les confesseurs qu'en vertu des règles de l'Index, ils ne pouvaient absoudre ni instituteurs, ni institutrices, ni pères ni mères de ces enfants. Mgr a-t-il fait cela ? Il s'en est bien gardé : il voulait être archevêque ; il conseilla, au contraire, aux prêtres d'absoudre et de communier tout ce monde qui était frappé par les règles sévères de l'Index. Il n'avait aucun droit de parler ainsi, son langage était celui d'un prévaricateur. Et les prêtres qui se faisaient supprimer leurs traitements pour observer les saintes lois de l'Eglise, il les traitait de maladroits. « Le curé de Marcorignan*, dit-il un jour, se monte la tête en lisant La Croix et Le Pèlerin. » Alors, d'après Mgr, pour se le descendre, il aurait dû lire La Dépêche et Le Petit Méridional. Ce langage de Mgr Billard était le langage d'un évêque assermenté. Pour si peu que Goblet, qui nous gouvernait alors, lui eût fait miroiter un titre d'archevêque, Mgr aurait parlé volontiers comme Bailly, qui disait à M. de Pourcemont, curé de St-Sulpice, à Paris : « Monsieur, quand la loi parle, la conscience doit se taire ».

Malgré ces complaisances coupables, Mgr se brouilla à nouveau avec le Ministère des Cultes. Un archevêché du Nord devint vacant, il fît des instances pour l'obtenir, et un autre lui ayant été préféré, il en conçut un tel dépit, qu'il bouda encore le Ministère. Pour donner libre carrière à son ressentiment, il voulut aller à Rome faire sa visite ad limina sans la permission du gouvernement ; mais M. le Ministre des Cultes ne trouva pas la plaisanterie de son goût et lui rogna une portion de son traitement. Il fût piqué dans son avarice ; mais pour faire bonne contenance, il répondit fièrement qu'il préférait un peu moins d'argent et un peu plus d'honneur. Nous verrons bientôt qu'il a préféré souvent l'argent à l'honneur. Son honneur eût été mieux placé à défendre avec plus de zèle les intérêts sacrés de la Sainte Eglise. Il a bien écrit des Circulaires quelque peu enflammées, mais ce n'était qu'un trompe-l'œil. Si le gouvernement avait daigné lui être agréable, il se serait bien gardé de prendre le bélier par les cornes. Il a crié pour déplaire au ministère et s'attirer à peu de frais l'estime des catholiques militants. Son ambition déçue lui a fait faire beaucoup de bruit, mais il s'est mis peu en peine de faire beaucoup de bien.

3° Son administration – Un Evêque devrait administrer en pratiquant la justice distributive, la vérité et la charité ; c'est le contraire qui est arrivé, Mgr a damé le pion à toutes les administrations civiles. Rien d'étonnant quand on a connu le caractère impressionnable, changeant, parfois bizarre de l'Evêque de Carcassonne.

1° La justice distributive de notre Evêque a toujours consisté à faire plaisir d'abord au pouvoir civil et non aux prêtres méritants. Il a passé pour un intransigeant vis-à-vis du pouvoir civil, c'est une tactique de normand. Il a voulu jeter de la poudre aux yeux. Mgr a toujours sacrifié son indépendance aux dépens des prêtres dignes et qui, ayant vieilli dans le ministère, auraient mérités de ne pas se voir passer sur le corps par des jeunes prêtres n'ayant d'autres mérite que l'avantage d'avoir pour parent, ami ou allié, un député, un sénateur ou un conseiller général[4]. Ces représentants du Peuple voient de près Préfets et Sous-préfets ; ils leurs demandent une belle position pour tel prêtre. Le Préfet s'adresse à l'Evêque, pour se faire un ami du Préfet qui peut le hisser plus haut dans les faveurs ministérielles, l'écoute ; et, c'est ainsi qu'il a des accommodements avec les Préfets ; et les prêtres supportent les conséquences de ce misérable trafic.

Après le Préfet et toute la nomenclature civile, Mgr a beaucoup aimé les riches et toute la hiérarchie des nobles qui, pour continuer les féodales traditions, entretiennent avec l'autorité ecclésiastique des rapports presque

---

(4) A ces époques Dujardin-Beaumetz est conseiller général du canton de Couiza.

toujours nuisibles au pauvre curé, à celui surtout qui mérite de l'avancement. Sous prétexte de bonnes œuvres, les dames viennent, avec leur charmant sourire, ouvrir largement leurs bourses à Mgr pour que sa Grandeur y puise à son aise ; et, figurez-vous si Mgr Billard en profitait avec sa passion pour l'argent dont nous parlerons tout à l'heure. Après de tels services et de copieux dîners, comment voulez-vous que Mgr n'écoute pas cette noble dame qui demande un poste important pour tel prêtre qui lui convient ? Et le prêtre méritant est mis de côté naturellement.

Les riches et les nobles satisfaits, Mgr songe aussi à placer ses amis personnels, les amis de Messieurs les Vicaires généraux, de Messieurs les Chanoines, de Messieurs les Curés de la ville[5]; il faut placer encore les mouchards qui, pour prendre la place des prêtres méritants, portent à Mgr les plus inconcevables cancans ecclésiastiques contre leurs confrères. Voilà en quoi a consisté la justice distributive de l'Evêque de Carcassonne.

Un jour M. Audouy*, chanoine et président des conférences ecclésiastiques, dit à Mgr Billard : « Tel prêtre fait des rapports de conférences d'une façon admirable. » – « Ne le dites pas, répondit le Prélat avec empressement, je serais obligé de lui donner meilleur poste. » Après une telle réponse, on n'a qu'à tirer l'échelle : on connaît tout l'esprit de justice de Mgr Billard.

2° La vérité : on serait porté à croire que Mgr n'a jamais dit de sa vie une vérité ; il l'a quelque peu avoué lui même en pleine retraite pastorale en disant à ses prêtres : « Je suis normand et quelque peu gascon, ce qui veut dire, je cultive quelquefois le mensonge, je suis un tantinet comédien. » A part les préférés de sa Grandeur, il n'est pas un prêtre dans le diocèse qui n'ait à raconter quelque trait de comédie de la part de cet Evêque. Mgr se croyait rusé, mais comme ses ruses étaient cousues de fil blanc, ses prêtres le traitaient in petto de farceur. Sa comédie prenait diverses formes, selon le sujet que l'Evêque avait devant lui. Si Sa Grandeur était en présence d'un prêtre timide qu'il voulait changer malgré lui, alors Sa Grandeur criait comme un forcené ; et le prêtre, tremblant comme une fillette, acceptait le nouveau poste par peur. Un jeune prêtre m'a assuré que Mgr avait jeté de si hauts cris pour lui faire accepter Camps* et Cubières*, où il n'alla pas cependant, qu'il se trouva mal et tomba à la renverse ; on fût obligé d'avoir recours aux sels pour le faire revenir à lui. Si Mgr avait à faire avec un prêtre ignorant, il le trompait par des babioles à faire dormir debout et menaçait des foudres du mandatum qui n'avait rien à voir dans la question ; ainsi Mgr Billard, pour faire plaisir à un châtelain, propose un jour un poste à un prêtre qui refuse respectueusement, mais avec la plus grande énergie. « Ah ! lui dit l'Evêque, vous refusez ; eh bien je vais vous

---

(5) Classification intéressante qui laisse bien Bérenger Saunière hors de la sphère d'intérêt de son évêque.

interdire, car vous êtes allé chasser et vous savez que la chasse est interdite dans le diocèse sous peine de suspense. Je maintiens cette suspense si vous n'acceptez pas. » Et le prêtre accepta pour ne pas être suspendu[6]. Ce pauvre curé était trompé de façon indigne, car ni le Mandatum de Mgr de La Bouillerie en 1869, sous lequel nous vivions, ni le nouveau Mandatum de 1895, n'ont jamais défendu la chasse sous peine de suspense. Ces deux Mandatum disent seulement : venatione interdicimus[7] sans aucune sanction pénale[8]. Si Mgr avait à faire avec un prêtre dénoncé, alors l'Evêque distinguait, il ne voulait pas frapper les mais ni les protégés, il se disait à lui même : « Il y a ici fagots et fagots ; distinguons. » Si le dénoncé était mal vu de Mgr, alors ce curé était obligé de subir un changement ou des enquêtes, ou des reproches ; mais si le dénoncé était une créature de sa Grandeur, ou un fils à papa, ou un protégé quelconque, Mgr ne tenait aucun compte de la dénonciation ; et, tous ces dénoncés étaient toujours justifiés. Ainsi l'abbé Arrufat*, curé de Pradelles-en-Val*, qui avait le cerveau malade, faisait des extravagances extraordinaires dans sa paroisse : le maire et les autres personnes signalaient ces faits à Mgr ; mais Mgr répondait toujours qu'il n'en croyait rien, parce que M. Arrufat, disait-il, est un saint. Or ce saint était tellement extraordinaire qu'un mois après cette réponse de l'Evêque il fût interné dans une maison de fous à Toulouse. Et pour l'abbé Andrieu, curé d'Escales*, l'Evêque n'a jamais écouté personne : ni Préfet, ni conseil municipal, ni les familles les plus honnêtes d'Escales : Andrieu[9] est resté à son poste jusqu'au jour où le scandale fût complet : alors il dût partir sous les huées d'une population qui lui aurait fait un mauvais parti s'il avait osé rester encore. Et pour Monie* et pour Fresquet* et pour tant d'autres, Mgr a toujours fait la sourde oreille contre toutes sortes de réclamations. S'ils ont abandonné leurs postes, c'est qu'ils ont bien voulu ; mais ils n'en auraient jamais été chassés, parce que c'était des benjamins de l'Evêché. Nous connaissons un prêtre du Narbonnais, à la tête d'une grande paroisse, qui voyait assidûment une jeune personne. Le père Jean* de Fontfroide* l'avait appelé la Sirène. Les fréquentations de ce prêtre avec cette sirène étaient devenues un scandale ; les personnes pieuses quittaient le confessionnal, les plaintes pleuvaient à l'Evêché. Mgr n'a jamais voulu rien croire, il répondait chaque fois qu'on l'interrogeait que c'était une jalousie de dévotes. Un chanoine de la ville épiscopale n'a jamais été inquiété par l'Evêché malgré les bruits fâcheux qui circulaient

---

(6) Procédé intéressant de pression sur un prêtre, qui peut aussi être soupçonné contre Bérenger Saunière par Cantegril qui officiait déjà à l'époque auprès de Mgr Billard.
(7) Traduction : Nous nous abstenons de la chasse.
(8) Bérenger Saunière était chasseur depuis au moins 1885. Selon des témoignages d'habitants de Rennes-le-Château il pratiquait même la pose de collets.
(9) L'archiprêtre Andrieu procède à une expédition de messes à destination de Bérenger Saunière en 1898, mais il ne semble qu'être un homonyme de l'abbé d'Escales.

en ville sur son compte. Mgr interrogé répondait invariablement : « Cela est faux. » Un curé se faisait critiquer, il y a deux ou trois ans, d'une façon incroyable, dans sa petite paroisse de 300 âmes. Tous les soirs, il se retirait d'une habitation, fort compromettante pour lui, à onze heures du soir, à minuit, et quelquefois à une heure du matin. De temps à autre, pendant le jour, il allait avec la dame de cette habitation déjeuner dans une maison de campagne et rentraient tous deux, côte à côte, traversant la place publique et tout le village sans crainte d'offenser les mœurs publiques. Mgr savait tout cela : voici ce qu'il fît pour le soustraire à l'indignation des gens : il le nomma curé dans un poste de douze cents âmes, riche paroisse du Narbonnais. Mgr donc, pour couvrir ses benjamins, avait toujours des réponses à côté de la vérité, il ne les déplaçait jamais malgré eux ; et s'ils consentaient à être changés, alors sa Grandeur, pour les récompenser, leur donnait un grand avancement.

3° La charité : un Evêque doit être un autre Jésus-Christ ; la copie de ce divin modèle. Or, comment Jésus-Christ traitait-il ses disciples ! Ecoutons-le : Jam non dicam vos servos sed amicos[10]. Jésus-Christ traite même d'ami le mauvais prêtre qui se trouve dans le collège apostolique : Amice, ad quid venisti ?[11]. Mgr Billard n'acceptait pas cette doctrine du divin Maître ; il changeait amicos de place et le mettait à la place de servos. Il n'aimait que les prêtres qui lui apportaient de l'argent, ou qui savaient le flatter. Le bas clergé lui était fort indifférent, et celui-ci le payait de retour ; à part les courtisans, on le laissait fort tranquille dans son Evêché ; et on ne le consultait guère, car un curé savait que s'il avait des difficultés avec ses paroissiens, il était sûr de les voir augmenter et s'embrouiller davantage si l'Evêque venait à s'en occuper. N'ayez crainte qu'il vienne au secours du prêtre dans l'affliction et le malheur ; il ne fallait pas aller à l'Evêché chercher le soutien ou la consolation. Voici un fait qui met en pleine lumière l'esprit de charité de Mgr Billard pour ses prêtres. Le pauvre abbé Doucet*, qui est allé mourir à Cucugnan*, fût mis en prison à Carcassonne en 1889 pour une affaire de mœurs dont il devait être innocent puisqu'il fût acquitté. A cette époque, la banqueroute ou la bigamie, je ne sais plus quel grief, avait amené dans les prisons de Carcassonne M. Garou*, de Limoux, qui occupait une cellule voisine de ce pauvre abbé Doucet. Que fît l'Evêque ? Il jugea à propos d'aller voir ce banqueroutier ou ce bigame, l'abbé Doucet entendit la voix de son Evêque ; et Mgr ne voulut pas entrer dans la cellule du malheureux prêtre pour lui apporter un témoignage de sympathie, une parole d'amitié et de consolation. Pour un Evêque, quelle charité bien comprise !

---

(10) Traduction : Je ne vous appelle plus esclaves mais amis (citation approximative de Jean XV, 15).

(11) Traduction : Ami pourquoi es-tu là ? (Matthieu XXVI, 50).

L'abbé Rauffet*, devenu curé de Davejean*, dit à son Evêque qu'il se proposait de célébrer un service funèbre pour le repos de l'âme de l'abbé Olive*, son prédécesseur. « Non répondit sèchement l'Evêque ; il est mort, laissez le mort. » Voilà une exhortation touchante pour la dévotion aux âmes du purgatoire ! Voilà encore de la charité sacerdotale bien comprise ! Cette réponse est une monstruosité dans la bouche d'un Evêque : on ne refuse des prières qu'aux âmes damnées. Etait-il sûr, Monseigneur, que l'abbé Olive fût damné ? Peut-être est-il mort plus saintement que lui. Si Mgr prenait l'abbé Olive pour un prêtre misérable, scandaleux, alors Sa Grandeur avait bien peu de respect pour les choses saintes en confiant à un pareil prêtre les fonctions sacrées du Saint Ministère. Si l'abbé Rauffet avait osé répondre, il aurait pu lui dire : Mgr, nolite judicare et non judicabimini[12]. N'ayez crainte que jamais un prêtre ait appelé Mgr Billard un bon père ; on ne l'aimait pas, parce que c'était un Evêque sans cœur.

4° Ses mœurs – Nous voulons bien croire qu'elles furent toujours intactes, mais il aurait du en prendre un soin plus particulier selon la recommandation de nos livres saints : cura de bono nomine[13]. De sa vie privée, je ne dirai donc rien, ni ne la soupçonnerai même pas ; mais il me semble que je puis parler des apparences extérieures. Il faut toujours respecter les murs Guilloutet quand même ils seraient démolis et criblés de brèches. Mais sa vie publique appartient à l'histoire du diocèse et il n'est pas défendu d'y jeter un rapide coup d'œil. Tant pis pour lui s'il a prêté le flanc à la critique. Que de fois il ne s'est pas gêné pour dénigrer, sur de simples apparences, des prêtres qu'il voulait changer par pur caprice ; nous pouvons bien à notre tour faire connaître quelques faits qui ne mériteraient guère d'être signalés dans une vie de saints. Ainsi, pourquoi Mgr Billard, lorsque Mme K...* venait le voir à Carcassonne, disait-il qu'elle ne venait que pour y accompagner sa sœur qui n'osait pas voyager toute seule ? Si Mme K... ne venait que pour accompagner la sœur de Mgr, pourquoi y venait-elle lorsque cette sœur de Mgr fut morte ? Mme K... venait donc à Carcassonne pour un autre motif ? C'était sans doute pour prendre mesure à Sa Grandeur des soutanes qu'elle lui fournissait, car lorsque Mgr avait besoin d'une soutane, il n'avait qu'à écrire à Paris, rue Cherche-Midi, 94. Pourquoi Mgr allait-il accompagner cette dame à Paris lorsqu'elle quittait l'Evêché de Carcassonne pour y retourner ? Est-ce qu'ils ne s'étaient pas encore assez vu ? Que signifiait cet enfantillage ? Ne pouvait-elle repartir seule, alors qu'elle était venue seule ! Pourquoi le jour du pèlerinage des prêtres de notre diocèse à Montmartre, après la messe, en présence de tout le monde, monte-t-il dans la voiture de son inséparable Mme K..., se place-t-il à côté d'elle pour aller évidemment déjeuner avec elle, et pour le soir

---

(12) Traduction : Ne jugez pas et vous ne serez pas jugés (Luc VI, 37).
(13) Traduction : Prends soin d'avoir une bonne réputation.

ne plus reparaître à la Basilique du Sacré-Cœur, et le lendemain ne pas repartir avec les prêtres pèlerins ? Il se faisait bien rusé notre Evêque de Carcassonne, mais, en cette circonstance, il y avait éclipse totale ; et beaucoup de prêtres furent loin d'être édifiés. Pourquoi, avant d'être malade, Mgr allait-il si souvent à Paris ? Qu'y allait-il faire ? Pourquoi recevoir dans son palais épiscopal tant de jeunes dames, à tel point que, craignant d'exciter l'éveil du clergé, il ne voulut point, à moins d'une extrême urgence, recevoir les prêtres dans la matinée, réservée au monde select ; le bas clergé ne pouvait visiter Sa Grandeur que dans l'après midi. Pourquoi retourner dans le château de Mme B... de M... alors que le lendemain du jour de la bénédiction de la chapelle, il avait couru des bruits scandaleux sur le compte de Mgr et de Madame ? Pourquoi recevoir dans son Evêché la trop fameuse Mme C... de H...[14] qui était une déséquilibrée et dont la conduite et le langage étaient fort équivoques ? Quand un Evêque reçoit une pareille femme et qu'il accepte d'elle un héritage de douze cent mille francs, il ouvre la porte à toutes les suspicions.

Comme il était content Mgr Billard, lorsqu'il recevait certaines dames ! Il se trouvait alors guéri de tous les maux. Des prêtres racontent, non sans quelque malice, que se trouvant en compagnie de Mgr, il était arrivé que l'Evêque se mettait tout à coup à geindre, à se lamenter, à se plaindre de la tête, de l'estomac, se jetant à droite et à gauche de son fauteuil comme pour chercher un remède à son mal. Pendant qu'il gémissait, le domestique arrivait, disant : « Mgr, Madame la comtesse de... vous attend dans la pièce voisine ». Voilà le remède trouvé, voilà le mal disparu ! L'Evêque se levait aussitôt tout joyeux, donnait un coup d'œil sur lui-même, passait la main sur sa tête dénudée comme pour arranger le reste de sa chevelure et s'en allait tout guilleret au devant de la jeune dame.

Disons en terminant ce chapitre des mœurs, que Mgr Billard qui commettait tant d'imprudences volontaires, sans la moindre gêne, avait toutes les audaces, à la moindre critique et sur de simples présomptions, de moraliser ses prêtres et de les forcer à changer de poste[15].

5° Sa passion pour l'argent – Pour avoir de l'argent, il conférait des titres de chanoine titulaire moyennant trente mille francs. Il ne disait pas comme Judas : Quid vultis mihi dare et ego vobis eum tradam[16]; mais il le faisait dire habilement. M. Pelous*, ancien curé de Durban*, M. Dantras[17], curé

---

(14) Rose Denise Marguerite Victorine Sabatier, épouse de Serge Herail. Voir Pierre Jarnac, les Archives de Rennes-le-Château (Bélisane – 1988) pp 457 et suivantes sur cette affaire
(15) Changer un prêtre de poste comme ce fût le cas pour Bérenger Saunière est donc bien considéré comme une punition. Ce dernier ne s'y était pas trompé.
(16) Traduction : Que voulez-vous me donner et moi je vous le livrerai ? (Mathieu XXVI, 15).
(17) M. Dantras part en retraite spirituelle avec Bérenger Saunière en 1898. Dans leur correspondance il est question de messes que le premier doit amener au second à cette occasion comme les autres prêtres du groupe.

de Saint-André et autres ont été pressentis à ce sujet. Mgr, disait-on, veut fonder une prébende ; tactique fort habile de la part du normand, mais pour le gascon facile à découvrir. Mgr était un simoniaque, voilà tout. Simonia est voluntas emendi vel vendendi res sacras cum effectu[18] ; or, Sa Grandeur vendait le titre de chanoine titulaire, puisque sans les trente mille francs il ne le conférait pas. En se livrant à un tel trafic, Mgr avait oublié que la simonie est de sa nature un péché mortel et un énorme sacrilège. Il aurait dû lire l'article Simonie dans le Dictionnaire de Droit canonique de Migne.

Pour avoir de l'argent, il voulait faire à ses prêtres une obligation de l'Indult, qui est purement facultatif et qui lui permettait de prendre de l'argent des messes supprimées et de celles du binage. Dans sa circulaire promulguant cet Indult, il menace avec quelque peu d'arrogance ceux qui refuseront de l'écouter ; il frappera les rebelles d'un blâme et d'une peine, comme celle de n'avoir ni des honneurs, ni des postes d'avancement. Sa Grandeur objectait la nécessité des bonnes œuvres : à bon entendeur, salut !

Pour avoir de l'argent, il forçait les abbés du Grand Séminaire à faire partie de la caisse de retraite. Voici la teneur de cet article VI : « Aucun séminariste ne sera promu au sous-diaconat, s'il ne prend par écrit l'engagement de souscrire à la caisse des retraites immédiatement après son ordination. » Pour 20 francs par an, fermer la porte du sanctuaire à un jeune lévite, c'est purement odieux et même simoniaque ; car les chapitres 8 et 9 de Simoniâ décident qu'il y a simonie si on exige de l'argent pour l'entrée en religion.

Pour avoir de l'argent, il s'était emparé, d'après la rumeur publique, de trente mille francs que M. Geli, ancien supérieur du Petit Séminaire de Narbonne, avait donné à Mgr pour cet établissement ecclésiastique. Sa Grandeur ne remettant jamais cette somme à l'économe de ce petit Séminaire et l'établissement se trouvant dans la gène, M. Ajac*, le supérieur actuel, voulut se permettre de demander ces trente mille francs à Mgr et de les exiger, au besoin, indi irae[19]. Aussi, à partir de ce moment, Mgr boude M. Ajac, qui a fait respecter en brave les droits de son Petit Séminaire. Sa Grandeur ne l'aime pas, il ne l'a jamais nommé chanoine ; mais M. l'abbé Ajac peut s'en passer facilement, car, à part quelques intellectuels, on ne voit que des croûtes dans cette casserole qu'on appelle le canonicat.

Ouvrons ici une parenthèse pour raconter de quelle manière Mgr a fait les dernières nominations des chanoines honoraires ; on verra avec quel esprit de sagesse, avec quel discernement de mérites, Sa Grandeur distri-

---

(18) Traduction : La simonie est la volonté d'acheter ou de vendre les sacrements avec leur puissance (ou leur efficacité).
(19) Traduction : De là, la colère (Juvenal – Première Satyre 4° vers avant la fin)

buait les honneurs ecclésiastiques. M. le curé de Sallèles-d'Aude* demande à Mgr de lui donner pour vicaire M. Battut*, et Sa Grandeur le lui promet. Puis arrive M. Mario[20] pour demander à Mgr ce vicaire promis qui est musicien et dont il a besoin pour remplacer M. Trastet*. M. Mario parla si bien que le samedi suivant on vit paraître la nomination de M. Battut* à Saint-Paul de Narbonne. M. Lajoux*, furieux, va trouver Mgr à Prouille et lui fait une scène à tout rompre. L'Evêque, pour le faire taire, lui dit : « M. Lajoux, je vous nomme chanoine honoraire de ma cathédrale ». L'effet fût surprenant : M. Lajoux lâche son vicaire, sourit à Mgr, le remercie avec effusion, lui fait ses m'amours ; et l'Evêque l'interrompant, lui dit : « Il faudra que je nomme aussi votre doyen à Ginestas*, il serait froissé de voir votre nomination sans voir la sienne. » Et Mgr, pensant tout haut, dit encore : « Je veux nommer aussi M. le curé d'Alzonne[21] ; car, si je ne le nomme pas, Mgr Le Camus[22] le nommera chanoine de sa Cathédrale et je ne veux pas de bigarrure dans mon diocèse ». « Dites moi », ajouta l'Evêque, « quel est le prêtre le plus agréable à M. Cantegril ? Je le nommerai aussi pour ne pas m'attirer les foudres de mon premier Vicaire Général, qui ne serait pas content de voir que j'ai fait ces nominations sans lui. M. Lajoux* » lui cita le curé de Saint Hilaire* et celui-ci a été nommé. Mgr a donc nommé le premier pour le faire taire, le second pour ne pas le froisser, le troisième pour éviter la bigarrure, le quatrième pour ne pas contrarier M. Cantegril. Je ne veux pas contester la valeur de ces quatre élus, mais voilà comment les nominations sont inspirées par le Saint-Esprit.

Pour avoir de l'argent, Mgr n'a jamais, pendant 19 ans, rendu des comptes sur la caisse de retraites. D'après le compte rendu, nullement exagéré, de M. le curé de Saint Marcel*, qui mérite une reconnaissance infinie de la part de tous les souscripteurs, la caisse aurait dû posséder 1 052 121 francs. Mgr, sans raison aucune, n'a voulu, dans la réunion du 27 octobre 1896, accuser que 568 000 francs ; et encore, sans aucune pièce justificative. Le comptable avoua franchement qu'il n'y en avait point ; ce qui ahurit tous les prêtres présents à cette réunion[23]. Je ne dis pas que Mgr ait mis ici de l'argent dans ses poches ; mais la caisse aurait eu à sa tête un malhonnête homme d'Evêque que ce malhonnête homme ne s'y serait pas pris autrement que l'a fait pendant 19 ans, Sa Grandeur Mgr Billard. Voilà un fait brutal qui autorise toutes les suppositions.

Pour avoir de l'argent, il se fait donner à lui, pour le mettre dans sa poche, l'héritage de Mme C... de H... Mgr est plus avisé que le Pape qui ne reçoit un héritage de Mme de Plessis Billière que pour le donner à l'Eglise.

---

(20) Bérenger Saunière lui fait part de condoléances en 1900. Pas d'autre échange.
(21) Le Vicaire d'Alzonne envoie des messes à Bérenger Saunière en 1898.
(22) 3 lettres à propos de renseignements donnés par Bérenger Saunière en 1903.
(23) Comme quoi Bérenger Saunière n'est pas le seul à avoir manqué de justificatifs pour ses dépenses...

Léon XIII a reçu encore en 1900 un héritage de 1 200 000 francs de la princesse Adélaïde d'Ieeemberg, cousine de l'Empereur d'Autriche ; mais le Pape a reçu ce don comme Saint-Pierre recevait les dons des premiers fidèles, dons qui étaient destinés au trésor de l'Eglise. Mgr Billard est plus pratique, il pense à arrondir son patrimoine. Pour s'en convaincre, il n'y a qu'à lire ce seul passage du testament dont Mgr a fait soigner la rédaction : « Le présent legs fait à M. Billard, non pas en sa qualité d'Evêque, mais au contraire en son propre et privé nom[24]. Dans le cas ou par suite de prédécès, répudiation, ou toute autre cause, M. Billard ne recueillerait pas ce legs, je lui substitue M. Jules Bligny, ancien notaire à Rouen, et pour ce cas, mais pour ce cas seulement, j'institue le dit de Bligny pour mon légataire universel ». En voilà des précautions soigneusement prises pour que Mgr puisse au moins palper les 1 200 000 francs « non en sa qualité d'Evêque, mais ne son propre et privé nom. » Et de quelle femme Mgr consent-il à recevoir un legs ? De la part d'une folle, d'une hystérique qui se livrait à toutes sortes d'excentricités et d'extravagances et qui tenait des propos d'où la moralité était souvent absente. Pour s'en convaincre, il n'y a qu'à demander au journal La Dépêche de Toulouse le numéro du 5 novembre 1896 ou sont relatés les motifs invoqués par MM. Buscaillon* et Alègre*, plaidant l'insanité de la testatrice à l'appui de leur demande en nullité. Il faut y tenir à l'argent, et d'une façon peu délicate, surtout pour un Evêque, pour recevoir un legs pareil, il faut en être affamé ; et, quand Mgr disait au Ministre qu'il préférait un peu moins d'argent et un peu plus d'honneur, Mgr n'était qu'un farceur.

6° Les châtiments de Dieu – Lorsque Mme C... de H..., la testatrice meurt d'une attaque d'apoplexie le 15 avril 1891 et que le testament est connu, Mgr Billard est frappé d'une première attaque. Lorsque le mari de Mme C... de H... meurt et que l'Evêque va palper un premier acompte de 500 000 francs de son argent d'affaires, Mgr est frappé d'une seconde attaque. On dira : coïncidence, hasard ; et Saint-Thomas qui dit que le hasard c'est Dieu, que la coïncidence n'est rien ? Que répondrez-vous ? Et moi je dis que c'est le châtiment de Dieu. Et Monseigneur n'en est pas à la fin de ces punitions. Le plus grand représentant de Dieu sur la terre, le Pape, Vicaire de Jésus-Christ, le frappe à son tour. Il le frappe de trois mois de suspense pour avoir administré de la façon la plus irrégulière les biens de son diocèse et pour avoir contracté des dettes écrasantes, que rien ne justifiait. Voilà ce qui se dit dans le diocèse ; on ne peut pas l'assurer, n'ayant pas lu les termes de la suspense ; mais ce que nous pouvons dire, c'est que Mgr n'a pas été frappé sans cause. Le rescrit pontifical, interdisant à

---
[24] La loi de séparation de 1905 avait largement été anticipée dans l'esprit. On peut donc aussi voir là un certain nombre de précautions visant à préserver cette somme d'une saisie dont on ne connaissait pas encore l'étendue qu'elle allait prendre mais que l'on redoutait déjà.

Mgr Billard la célébration de la Sainte Messe et tout acte de juridiction épiscopale lui arriva à Azille. Sa Grandeur reçut de Rome un pli recommandé, portant l'interdit ; et, M. Fournier*, un autre pli recommandé l'informant que Sa Sainteté lui accordait l'usage de la juridiction spirituelle sur tout le diocèse, tant du for intérieur que du for extérieur ; car l'Evêque n'avait plus aucun pouvoir juridictionnel. Quand l'Evêque eut lu les termes de sa suspense, il pâlit affreusement, se déclara malade, rentra immédiatement à Carcassonne et, pour qu'à l'Evêché les secrétaires et les domestiques ne vissent pas qu'il ne disait pas la messe, il partit pour Rouen, prétextant qu'il se rétablirait plus vite dans le Nord à cause de la fraîcheur du climat. Mais M. Fournier, qui avait la langue un peu longue, raconta discrètement l'affaire à quelques-uns de ses amis, qui, à leur tour, la racontèrent aussi avec la plus grande discrétion. On dit que Rome, en lui notifiant la suspense, l'avait en outre condamné à titre de restitution ou réparation, à donner sur l'héritage à venir de Mme C... de H... deux cent mille francs pour la construction de l'Eglise de Prouille*.

Enfin, la dernière et suprême punition que Dieu lui ait infligé, c'est qu'il soit mort comme un abandonné de Dieu et des hommes. A son heure dernière, pas un prêtre à son chevet ; pas même un domestique pour lui montrer le Crucifix, dernière espérance des mourants. Il est mort comme un mécréant ; sans le Saint Viatique, sans l'Extrême Onction, sans l'indulgence plénière des agonisants, sans la moindre bénédiction, sans la plus petite parole de soutien et de consolation. On aurait pu avoir l'idée d'apporter un lit dans la chambre de Mgr, pour faire coucher là un secrétaire ou un domestique en prévision d'un évènement fatal ; mais personne dans l'Evêché n'a pensé à une telle précaution, parce que Dieu a voulu qu'il mourût ainsi.

Mgr est donc descendu dans la tombe, emportant tous les regrets, car il n'en a laissé aucun. Ce n'était pas trop tôt qu'il quittât cette terre ; quel bien faisait-il ici bas ? Il ne paissait pas les brebis, il ne faisait que les tondre. Qu'il repose en paix ! Le diocèse y reposera aussi maintenant.

Paziols, 25 décembre 1901
LABORDE, curé

(14 ans auparavant, l'abbé Laborde avait, apparemment à tort, été accusé d'avoir circonvenu une de ses paroissiennes. Il avait alors déjà vivement protesté contre le traitement partial que lui avait infligé Mgr Billard. NDA)

Annexe 8

LES LETTRES DU VIEUX

+ 27 Juillet

Mon cher ami,

Il m'est bien difficile de répondre à vos multiples questions, lesquelles ne sont pas invraisemblables. Si les raisons de vous citer à comparaître sont fondées et sérieuses, la Constitution d'un avocat ne saurait suspendre les décisions à intervenir —

Peut-être la désignation de vos avocats, M. le Doyen d'Azille, ou M. Mir, a-t-elle surpris, et cherchera-t-on à les suborner pour les empêcher l'un ou l'autre de vous représenter. En fait, ni l'un ni l'autre chacun dans sa condition ne peut être récusé — M. Mir est membre de l'association des anciens élèves du petit Séminaire, personne honorable et estimée par conséquent — M. Molinier occupe un rang dans la hiérarchie, il ne peut être récusé

C'est donc que peut-être on agit auprès d'eux dans un sens qui vous serait contraire.

Quant aux atouts, ne vous faites pas illusion, du moment qu'ils vous ont cité à comparaître, c'est qu'ils avaient ou croyaient avoir des preuves suffisantes ou du moins, que les dénonciations avaient un bon fondement, d'après les dénonciateurs eux-mêmes.

Peut-être, comme vous le supposez, pensait-on que ne voulant pas vous présenter, vous-même l'ayant déclaré, ils pensaient que vous ne seriez pas représenté.

Peut-être encore veut-on gagner du temps, vous endormir en vous laissant croire qu'on n'y pensait plus, et attendre que l'un ou l'autre de vos avocats fut serait absent et vous intimer une dernière sommation, à laquelle vous ne répondrez pas personnellement et à laquelle il serait impossible à votre avocat de répondre, en raison de son absence.

Peut-être enfin a-t-on transmis le dossier à Rome avec cette indication que cité par deux fois, vous n'avez pas comparu et qu'on s'en remettrait à la décision romaine !

Je ne sais pas supposer, ni prévoir autre chose – Cependant il me vient une idée – Comme il faut que soit présent, l'acteur, c'est-à-dire, l'accusateur ou le dénonciateur et que celui-ci veut conserver l'anonymat, il ne se présentera pas, dès lors il n'y aurait qu'un accusé et des juges – Le jugement ne saurait avoir lieu – Des lettres, si elles contiennent des accusations, doivent être légalisées – Vos dénonciateurs ne voudront pas être connus – Vous auriez été dans l'espèce victime par intimidation, et en vous faisant craindre une condamnation, on espérait obtenir de vous des renseignements que vous ne voulez pas donner –
Ou bien cherche-t-on à obtenir que vos dénonciateurs se présentent, cela demande du temps –
Vous ne pouvez en aucun cas être condamné qu'après une troisième sommation, si vous ne vous présentez pas ou n'êtes pas représenté –

La citation, d'ailleurs, doit exposer le nom du Juge, de l'accusé, de l'acteur (accusateur ou dénonciateur) elle doit exposer la cause, le lieu, le jour du jugement — Elle oblige le cité à comparaître, l'accusateur à poursuivre —

On ne peut vous imposer d'office un avocat, du moment que vous en avez désigné un — L'agrément de l'Evêque n'est pas requis si l'avocat est prêtre et il n'est pas question qu'il soit docteur en théologie ou en droit canon — En aucun cas, je ne prendrais M. Collondre, pour cette raison qu'il fait partie du Comité où peut entrer l'élément civil uni à l'élément ecclésiastique —

Il est expressément dit : « L'accusé pourra se faire représenter par un autre prêtre, ou par un avocat laïque, approuvé au préalable. »

Courage donc, mon cher ami, envisagez dores et déjà, froidement toute éventualité, afin de n'être pas pris au dépourvu par l'émotion, et croyez à mes bons sentiments. Bonjour et souvenirs à tous —

†.   19 Septembre. 1910

Mon cher ami,

Votre lettre est venue me rejoindre au moment où laissant ma malade, je partais pour Valiéga. Je n'ai pu répondre encore, je le fais aujourd'hui.

Voici en quels termes j'écrirais à M. Albi:
« Malgré moi, puis-je dire, et pressé par
« les objurgations de mes confrères à qui j'ai
« parlé de mon affaire, je me vois contraint
« de vous prier de ne plus vous occuper de
« mon procès. Un prêtre, spécialement destiné
« à plaider devant les tribunaux ecclésiastiques,
« m'a été pour ainsi dire imposé. Et malgré
« la considération dont, ces confrères le savent bien,
« vous jouissez auprès de l'autorité diocésaine, et
« quoi que je leur ai dit de mes scrupules à vous
« décharger du soin de mon affaire et de me défendre
« j'ai dû m'incliner devant leurs raisons.
« Veuillez donc, Monsieur Mir, agréer mes re-
                    merciements

« et accepter la nouvelle combinaison qui s'impose.
« Je me permets d'espérer que vous n'en serez pas
« autrement contrarié –
« Je vous prie donc, Monsieur Niés, de
« m'excuser de ne pas donner suite à mon premier
« projet de vous avoir pour défenseur; En même
« temps, je vous prie de recevoir l'assurance de ma
« parfaite considération et de mes meilleurs sentiments. »
BS.

Voilà une formule – Si elle ne vous convient pas
elle vous servira d'indication pour une meilleure –
L'abbé Barguin a le projet d'aller vous voir après
et fait des vœux pour le bon succès – Il vous écrira
probablement, bien qu'il ne m'en ait pas parlé –

Je rentrerai à la fin de la semaine, laissant
les miens en état de santé relative.

Mes bons souvenirs à votre maisonnée –

E Le Vieux

22 Décembre 1911

Mon cher ami,

Le départ du Gros-gros sera-t-il un acheminement vers votre réintégration dans les cadres ?... Je ne sais. C'est une circonstance fort agréable. Et ce déplacement coïncidant avec le 3ᵉ Dimanche de l'Avent dont l'Introït commence par ce mot Gaudete, iterum dico, gaudete, n'est-il pas d'un bon augure ? Je laisse à l'avenir le soin de nous l'apprendre.

J'ai appris avec plaisir le renouvellement de votre bail de neuf ans, c'est pour vous la tranquillité pour une durée égale, puisque vous n'aurez pas à changer vos habitudes et aussi pour vos entours qui demeureront dans le statu quo, alors même que la vente s'effectuera.

Vous m'avez appris le projet de mariage de votre neveu avec Mᵉˡˡᵉ Caizergues, j'en ai eu la confirmation par M. le Curé de La Serpent qui est venu me voir un de ces derniers jours. Il n'y aurait pas opposition de la part du Châtelain, en raison surtout de la tranquillité où il sera de n'avoir plus de soucis au sujet de sa fille que en raison de ses occupations, il ne pourrait suffisamment garder — De plus il n'aura pas à changer les habitudes. On attendra seulement que le futur ait fini son stage ou surnumérariat. La mère du futur s'est rendue au Château, et paraît-il, les conventions auraient été telles et acceptées de part et d'autre.

Je n'ai rien appris de nouveau, je ne puis vous en dire par conséquent. Je me réjouis avec vous que vous n'ayez plus à supporter le voisinage du Gros-gros. L'avenir apprendra s'il est satisfait de son nouveau poste que ses deux prédécesseurs immédiats n'ont pu occuper longtemps. Ils sont doués de plus d'intelligence cependant et aussi de savoir faire, je pense. On verra sa capacité — J'irai très probablement le 2 Janvier, jour de Conférence —

Je profite de la circonstance pour, malgré que ce soit bien tôt, vous dire mes meilleurs souhaits de bonne année pour vous tout d'abord pour vos enfants ensuite. J'y joins ceux de Marie et de la famille, toujours heureuse de savoir de vos nouvelles et de vous transmettre son respectueux souvenir.

En attendant de savoir de vous quelque chose, je vous renouvelle mes sentiments les meilleurs et mon dévouement.

Lecœur

Annexe 9

LES VOYAGES CONNUS DE L'ABBÉ

Comme nous l'avons vu, la plupart de la préparation de ces voyages donnent lieu à des échanges de lettres ou à des mentions comptables. Ceux-ci nous aident à dresser une liste qui, si elle n'est pas exhaustive, montre ses voyages attestés.

Novembre 1896	Toulouse
Mai 1897	Carcassonne
Septembre 1897	Retraite spirituelle
Janvier 1898	Floure
Avril 1898	Castres
Mai 1898	1 voyage à destination non renseignée
Septembre 1898	Carcassonne pour retraite
Janvier 1899	Limoux
Mars 1899	Carcassonne
Juillet 1899	Fanges (Fôret de)
Avril 1900	Carcassonne
Août 1900	2 voyages à destination non renseignée
Octobre 1900	2 voyages à Carcassonne dont une retraite spirituelle
Janvier 1901	Limoux
Janvier 1901	Carcassonne
Mai 1901	Villefort et Saint Georges
Février 1902	Narbonne
Mars 1902	Villefort (avec Marie)
Avril 1902	Narbonne
Août 1902	Névian
Décembre 1902	Villefort (avec Marie)
Janvier 1903	1 voyage à destination non renseignée
Février 1903	Narbonne
Février 1904	Carcassonne (2 voyages dont un chez M. Rieu)
Février 1904	3 voyages à destination non renseignée
Avril 1904	Retraite spirituelle
Juin 1904	Carcassonne puis Castres
Octobre 1904	Arles-sur-Tech
Novembre 1904	Limoux
Mars / avril 1905	Castres
Septembre 1905	Retraite spirituelle
Mars 1906	Limoux
Mai / juin 1906	Alzonne / Narbonne

Sept-octobre 1906	Carcassonne
Sept-octobre 1906	2 voyages à Narbonne
Janvier 1907	Villefort
Janvier 1907	Floure
Février 1907	Bages les Flots
Février 1907	2 voyages à Limoux
Avril 1907	Bages-les-Flots
Juillet 1907	Carcassonne
Juillet 1907	Mérial
Juillet 1907	2 voyages à Carcassonne
Février 1908	Limoux
Mai 1908	Carcassonne
Avril 1910	Labège
Avril 1911	Retraite spirituelle suite à sa condamnation
Juin 1911	Saint-Paul-de-Fenouillet
Août 1911	Lourdes
Août 1912	N.D.-de-Marceille et Lourdes
Octobre 1912	Limoux
Août 1913	Lourdes
Juillet 1914	Carcassonne
Octobre 1915	Lourdes

REMERCIEMENTS

Aux amateurs de l'affaire de Rennes-le-Château, avec une passion partagée, Alain Brethereau, René Choy (†) et sa famille, Patrick Flamant, William Quesnoy, Alain Louvel, Jacques Lurçon, Johan Netchakovitch.

À mes amis, pour avoir eu la patience de supporter ma passion, Georges Bertin et sa famille, Tony Bontempi, Laurent Brossault et Claude, Pierre-Olivier Carreau, Laurent-Olivier et Alexandra Dornic, Frédéric Fons, Arnaud et Hélène Lacroix, Jean-Luc Robin, Christelle Maho, Philippe Marlin, Céline et Nicolas Miecret, Gilles, Line, Alexandre et Sonia Moreu, Philippe Peremans, Olivier Picard, Jean-Patrick Pourtal et Sylvie, Jean-Luc Rivera, Nathalie Roberti, Mathieu Saltiel, Catherine et Hugo Soder.

Aux auteurs, esprits savants ou simples curieux qui ont bien voulu m'éclairer : Jérôme Choloux, Antoine Captier et Claire Corbu, Jean-Pierre Deloux, Amar Drif, Dominique Dubois, Gérard Galtier, Jean Pierre Laurant, Patrick Lequet, Michel Lamy, Henry Lincoln, Frank Marie, Martina Ottavi, Morgan Roussel, Paul Saussez, Michel Vallet.

Retrouvez nos publications sur :
www.oeildusphinx.com

Les Éditions de l'Œil du Sphinx
36-42 rue de la Villette
75019 Paris
Tel : 08 75 32 33 55
Fax : 01 42 01 05 38
email : ods@oeildusphinx.com

Achevé d'imprimer en avril 2008
par ADLIS - Lille - France
www.adlis.net

www.ingramcontent.com/pod-product-compliance
Lightning Source LLC
Chambersburg PA
CBHW051048160426
43193CB00010B/1101